霊山パワーと皆神山の謎

長池 透

Toru Nagaike

今日の話題社

白山スーパー林道の紅葉

戸隠山、鏡池より

立山・雄山、立山室堂より

乗鞍岳、乗鞍高原より

松代群発地震における発光現象（松代地震センター提供）

まえがき

空は真っ青に澄み渡っていた。車から降りた目の前に皆神山《みなかみやま》があった。ここは長野上信越高速道路の長野松代サービスエリア、この場所は、武田信玄公と上杉謙信公とが争った彼の有名な川中島合戦の際、上杉勢が布陣していた妻女山《さいじょさん》から、少し東の方へ寄ったところ、ちょうど、妻女山と武田方の海津城との中間点に当たる。ここから眺めると、千曲川の向こう側に川中島の古戦場跡も見える。

昔も昔、古い時代のことであるが、皆神山の周りは、一時期、湖であり、湖底は現在の地表面からおよそ150メートルほど下にあったといわれている。右手象山《ぞうざん》の山裾が左側の方へ延び、東寺尾のところまで続いていたと思われる。深さがどれほどであったかは判らないが、満々と水を湛えた湖の中に皆神山は聳《そび》えていた。

皆神山のある長野市松代地方には、一九六五年八月から一九六七年五月にかけて、奇妙な群発地震が発生している。当時、原因不明の地震として世上を賑わした地震に付随して、発光現象も観測された。この光と私が視《み》ている潜象光との関係を追っていくと、これまで人類が明らかにできなかった未知のエネルギーが引き起こしていた地震であることが判ってきた。

中部地方には、富士山をはじめとして、立山、白山、穂高連峰、乗鞍岳、御嶽山など古来より霊山として崇められている山が多い。私が眼を閉じてこれらの山を視ると、強い潜象光が視える。これらの山が放っている四次元の光、潜象光の多くが皆神山へ集中している。「眼を閉じる」は誤字ではなく、本文を読んでいただければ、お分かりになると思う。

本書では、霊山といわれる山々のこと、またこれらの山々からの潜象光を受けている神社のこと、潜象光が虹の七色で代表される可視光線と、どのような関係になっているかを追求してみた。

そして、この本を通して、自然の奥深さと、人間の可能性の深さを感じ取っていただければ幸いである。

霊山パワーと皆神山の謎　目次

写真提供＝日本写真作家協会理事・向井茉里子

霊山パワーと皆神山の謎

プロローグ

湯殿山、奔流する光のページェント

霊能者は腕を伸ばして、皆神山の方へ掌を向けて立ち、「この山からは強い気が出てます」といった。

皆神山の見えるホテルのエレベーターホールでの出来事である。この出会いがきっかけとなって、私は肉眼では見えない四次元の光とでもいうべき、山々の放つ光を視ることになった。私はこれを潜象光と呼ぶことにした。

深い山に入ったとき、誰しもが感じる山の霊気、神社の境内で感じる神々しさというものは、一体何であろうか。この感覚というのは、理屈では説明できない「あるもの」なのではなかろうか。

この霊気を視覚で捉えられるようになったのは、東北地方・出羽三山の一つ霊山湯殿山での出来事であった。

出羽三山というのは、山形県東田川郡立川町の月山にある月山神社、羽黒町にある羽黒山の出羽《いでわ》神社、および、朝日村の湯殿山神社の総称である。

出羽神社は旧国弊《こくへい》小社であり、祭神は伊氏波神《いではのかみ》一座である。社伝には倉稲魂命《うかのみたまのみこと》、玉依姫命《たまよりひめのみこと》も祀るとある。また、羽黒山には三社を合祀した「三神合祭殿」があり、ここには、月読神《つきよみのかみ》、大山祇神《おおやまずみのかみ》、伊氏波神が祀られている。冬になると、すっぽりと深い雪の中に埋もれてしまう月山、湯殿山神社も併せ、ここでお詣りすることができる。三神合祭殿からは少し離れているが、国宝の五重塔がある。雪のちらつく頃に行くと、森の中の古い塔とそれを囲む木々に雪が降る様は、さながら絵に描いたように一際見事に見える。

月山神社は旧官弊《かんぺい》大社、式内名神大社であり、祭神は月読命である。この神は海上の守護神として、漁師の厚い崇敬を受けている。月山は八合目まで車で登ることができるが、十一月になると積雪のため、道路が閉鎖される。八合目から頂上までは急な坂はないものの、結構な道のりであり、途中、池塘や、周辺の山の景色が楽しめる。特に夏のお花畑、秋の紅葉が見事で、この季節は大勢の登山者で賑わい、頂上近くの売店も開き、訪れ易くなる。ここからは、北の方に鳥海山が綺麗に見え、鳥海山からは、この月山に向かって、目には見えないが、多くの潜象光が流れ込んでいる。

湯殿山は旧国弊小社で、元は湯殿大権現が祀られていた。祭神には、大山祇命、大巳貴命《おおなむちのみこと》、少彦名命《すくなひこなのみこと》であり、これに加えて、彦火火出見尊《ひこほほでみのみこと》、湯殿山大神を祀ってある。ご神体には社殿を設けず、熱い湯の出ている黄褐色の岩塊をご神体としている。古くから「語るなかれ、聞くなかれ」と、深く戒められてきた。そこには、生きながら入定した即身成仏のミイラがあり、松尾芭蕉の「奥の細道」でも有名である。「出羽三山史」にはこの三山は山そのものが神であると記されており、現在に至るまで聖域として、また、行の山、浄めの山として厳重な戒律で守られている。

湯殿山神社は途中の斉館までは車で行けるが、それから先は専用のバスを利用することになる。湯殿山に社《やしろ》はない。山そのものが神体山なのである。バスを降り、少し下ると小川がある。私達がちょうどこの川に架けられている橋を渡るとき、白装束の一行が、左手の峰続きになっている月山から下りてきたのである。そして、先達とおぼしき人が、首にかけていた法螺貝を手にとって、「ボワー」と吹きはじめられた。周辺の邪気を払うためである。後で考えると、このことが私にも幸いしたようである。橋を渡ると、履き物を脱ぐ場所がある。参詣する人は裸足にならなければならない。それから社務所で人形《ひとがた》に作った紙を頂き、これで身体を清めるのである。

これが済むと湯が湧き出ているご神体のところへ行くことができる。湯殿山の名前の由来もここにある。

ご神体の横を登ると、下界側、谷川沿いに大きく開けて、眺望の良いところがある（あまり先の方は危険）。この一角に立って向かいの山に向かい何気なく眼を閉じたとき、私はこれまで経験したことのないものを視たのである。

目を閉じると、今まで見えていた山の景色は消えてしまい、光だけの世界が広がってきたのである。はじめは黄色、オレンジ色、赤色、ピンク色が、横方向に幾重にも重なった穏やかな波のうねりのような光の縞模様であり、その内にこのうねりの中央部が盛り上がり、山の形になった。この盛り上がった光の縞模様は、幾層にも重なり合っているので、ちょうど、褶曲山脈の断面図を見るようであった。

しばらくこの美しい光の状態が続いていたが、その内に、視界の右端と左端から明るい黄オレンジ色の光が、まるで滝の水が流れ落ちるようにどっと落ちてきた。光の滝であった。

これだけでも素晴らしい光だけの光景なのであるが、さらに足下の方から眩いばかりの金色の光が噴き出してきたのである。火山が爆発したような光であった。

これら三種類の光が同時に現れている光景の美しさ、見事さは何にも例えようのないものであった。まさに光の一大ページェントであった。大自然の偉大さ、素晴らしさ、宇宙の奥深さ、玄妙さに、しばらく浸りきっていた。人知の遙かに及ばない世界、神の世界をかいま見た思いであった。

しばらくして我に返り、眼を開くとそこには普通の山の姿が見えていた。私の前に立っていたS氏は私とは違った別の光景を視ていたようであった。ほとんど同じ場所にいても、視えるものが違っていたのである。

これが、私が初めて視た潜象光と名付けた潜象界の光、いわば四次元の光とでもいうべき光である。この体験はその後、潜象光を視る際の最高の基準となった。

祝詞が呼び込む金色の潜象光

後日、出羽三山の一つ、羽黒山に行くきっかけになったのは、宮城県宮崎町にある宝森での出来事である。山道を登っていき、宝森がよく見える場所へ車で入った際、S氏はある地点から前へは車で乗り入れてはいけないと、強くいわれた気がして車を止めた。そこから歩いて五六十歩のところが崖になっていた。そのまま進めば崖から落ちるところであった。わたしは歩いていって崖の手前のところで、潜象光の様子を視ていた。ここから宝森の方角を視ると、ちょうど、蝋燭の炎を大きくしたようにオレンジ色の潜象光が山の上に当たるところに大きく視えていた。このときS氏は崖下前方から、多くの人がこちらに歩いてくるような、あるいは、働いているような風に視えたそうである。

またその場所から後ろを振り返って車を視たら、車が普段より小さく視えたようである。

この翌日、羽黒山へ向かった。前日のことがあったので、S氏は車が気になり、車の御祓いをすることになった。羽黒山の本堂の前が多少広くなっていて、その中に車の御祓いをする場所がある。一本の樹があって、ちょうど、車が入れるぐらいの面積のところを注連縄で囲ってある。この場所に立って潜象光の状態を視ても、さして特別なことはない。

ところがである。神官がこの囲いの中に入り、樹に向かって（正確にいえば樹を介して月山に向かって）祝詞を唱えはじめると、様相が一変する。樹の周囲に数十本の細い黄色（淡い金色といってもよい）の潜象光が垂直に立ったのである。まるでその場所だけ雨が降るように潜象光が降り注ぐのである。この状態の中で御祓いがなされるのである。御祓いが終わると、潜象光はぴたりと止まった。そして小さく視えていた車が元の大きさに見えるようになったのである。

車の御祓いが終わると、本堂の方に案内され、宮司（神官）が祝詞をあげる場所の後ろに座らされた。この場所は薄暗く、特になにもなかったのであるが、祝詞が始まったとたん、宮司が座っているあたりの床から、黄色に赤がかったような色の強い光が噴き出してきたのである。前に視た湯殿山の光の噴出には遠く及ばないものの、その小型の噴出が始まったのである。祝詞によって、潜象エネルギーが誘起されたことは間違いないのである。方向的には、宮司の背の方向がちょうど月山の方向であり、そのエネルギーが宮司の前にある鏡によって誘起されたとみるべきであろう。この潜象光の噴出は祝詞が終わるとぴたりと止まった。

この羽黒山では、もう一つ、変わったことが起きた。私がこのお堂の周辺をあちらこちら、潜象光の強いところを探して歩いていたときのことである。S氏が私から約二十メートルほど離れたところから声をかけた。私に目を閉じて、潜象光を受ける準備をしてくれというのである。私がこれに応じて目を閉じると、奇妙なことにその位置で、いつも山の潜象光を視たときにでてくる蝋燭の炎を大きくしたような潜象光がだんだん大きくなってきた。「おや」と思って、目を開けると、S氏が私の方に歩いてきていた。このとき、私は月山を右手に見て立っていたので、月山の影響はなかったはずである。つまりこのとき、S氏の体から潜象エネルギーが放散されていたのである。これまで同行していても、このようなことはなかったのであるが、どうやら、S氏は潜象エネルギーを集めることができたのである。このとき以来、同氏は調査中は私から離れて立つようになった。

ここではこの後、ちょっとしたハプニングが起きた。私が月山の方に向かって目を閉じていたら、突然、右前方に黄色い点線の輪が浮かび上がってきた。一つはやや大きく、もう一つはそれよりもだいぶ小さい点線の輪であった。「一体これは何だ」と思って目をあけると、S氏がそばで笑って立っていた。

私の顔を見て、「ちょと悪戯をしてみたのです。ここでなら許されると思って」といった。「何をしたのですか」と訊ねたら、私が目を閉じている間に、そっと私の周りを回ったというのである。私が見た黄色の点線の輪は、どうも同氏の足跡（トレース）のようであった。なぜ足跡が黄色の点線になるのかは不明だが、そう考えるしかないのである。同氏は陽気で明るく、悪戯っぽい人であり、普通、霊能者といわれている人たちとは、だいぶ趣の違った性格の方である。

この羽黒山神社の境内では、月山の方を向いて立つと、祝詞で呼び込まれる潜象光とはその形が違うが、月山からの明るい潜象光がよく視える。

月山は臥牛山《がぎゅうさん》と呼ばれるように、頂上の稜線のところが、ほぼ平坦になっている。山の麓にある道路を、夕方車で走っているとき、ふと、この山を向いて目を閉じたら、平坦な山の上部から光の線がほぼ一定間隔で四、五本垂直に立ちあがっているのが視えた。夕方で空が暗くなりかけている頃には一般的に潜象光が大分弱くなるので、このように黄色い潜象光が何本も視えるのは珍しかった。強い光をもっている山だからであろう。この月山は死者の霊が集まるところとされており、その霊を慰めるために数多くの赤と黄色の風車が供養されている。

このように、三山にはそれぞれの潜象光が視られる。霊域の高い場所として、古くから崇められている山の由縁である。

この湯殿山は、薬師岳、および仙人岳の頂上を結ぶと、ちょうど正三角形になっている。このような配置の山というのは、隠された意味を持っている。別の機会に湯殿山を訪れた際、神社バスには乗らず、少し歩いたところにある橋のたもとで、山の方を見上げた。

このときはここではそれほど強い潜象光は視られなかったが、その代わり、同行したS氏が潜象光ではないが、山の気が三つの山の間でぐるぐる回っているようだと知覚された。この回転する潜象エネルギーは、福島県にある霊山《りょうぜん》神社で、緩やかな螺旋状の上昇流として知覚したことがある。この回転流は光としては現れない。それは光の波長とは違った別の潜象エネルギー（動的エネルギー）だからである。

皆神山

ピラミッド山の強い潜象エネルギー

それから聖なる山々の放つ潜象光を追い求めての旅が始まった。

旅は東北地方から、中部地方へと移ってきた。そして再び、皆神山へと戻ってきたのだった。

私達は前日遅く長野に着き、市内のホテルに一泊した。途中、夕食も摂れずに来て、犀北館というこのホテルに入ったときは八時を過ぎていた。ホテル内の和食処のオーダーストップぎりぎりの時間にもかかわらず、出された料理は材料も味もなかなか良かった。特に出された天然ものの鰻が美味しく、このレストランはその後のささやかな楽しみの一つとなった。

翌朝、皆神山へ向かった。皆神山は、長野市中心部から南南東約十キロメートルほどの所にある。以前は、松代町として単独であったが、今は長野市と合併している。

松代町へは、私は通常、車で行くが、電車の場合は、JR信越本線屋代で、長野電鉄河東線へ乗り換え、六つ目が松代駅である。

まず、皆神山の北側にある玉依比売神社に車を止めた。今回も案内していただいたのはS氏である。

皆神山は太古の昔、湖に浮かぶ島であったという話が幾つかの本に書かれている。確かにこの山の周りは平地であるが、その周囲は山に囲まれて盆地になっている。

地図で見ると、皆神山の北西の方向が平地になっていて、その先に千曲川が流れている。湖であったとすれば、この北西の方の山が切れて水が流れ出したことになる。皆神山から見て北の方は東寺尾のところで、西側は越というところに象山があり、昔はこの間がせき止められていたのではないかと想像できる地形である。

このような地形になっている尼厳山《あまかざりやま》（尼飾山）の手前に天王山があり、その山裾に玉依比売命《たまよりひめのみこと》神社がある。この神社は、「延喜式」神名帳の埴科郡五座（並小）の一座であり、玉依姫命、天照皇大神、建御名方命《かけなかたのみこと》の他、相殿に素戔嗚尊《すさのおのみこと》を祀ってある。（『日本の神々（美濃・飛騨・信濃）』谷川健一編・白水社）

鳥居の所で車を降りて、欅に囲まれた参道を歩いていくと、樹木から枝が落ちてくるのに注意という立て札に「池田の宮」と書かれてあった。地元では、玉依比売命神社というより、池田の宮と呼ばれている。石段を登り詰めたところで、山を背にした社に向かって立つと、比較的強いオレンジ色の立ちあがる潜象エネルギーが視えた。

次に、石段を降りて、下の道に戻り、小川を渡って、ちょっとした広場になっているところで、周りの潜象光の状況を視てみた。

すると、約40度の方向にある尼厳（尼飾）山（780m）頂上の方に、濃い赤色の立ちあがる潜象エネルギーが視えた。しばらく視ていると、次第に濃いオレンジ色に変わっていった。この広場は、元は池であったらしく、『日本の神々』には、神社の前面には、「池田」と呼ばれる直径30メートル程の池と水田があるとなっている。私達が訪れたとき、この広場では、地元の方々がゲートボールを楽しんでおられた。

尼厳山の東側（右側）には、奇妙山（1099m）という山があるが、この山からも少し弱かったが似た色の光が視えた。光の強さは、尼厳山の方が強かった。

ついでだが、この山の東側約15㎞のところにもう一つ同じ名前の奇妙山（1628m）がある。

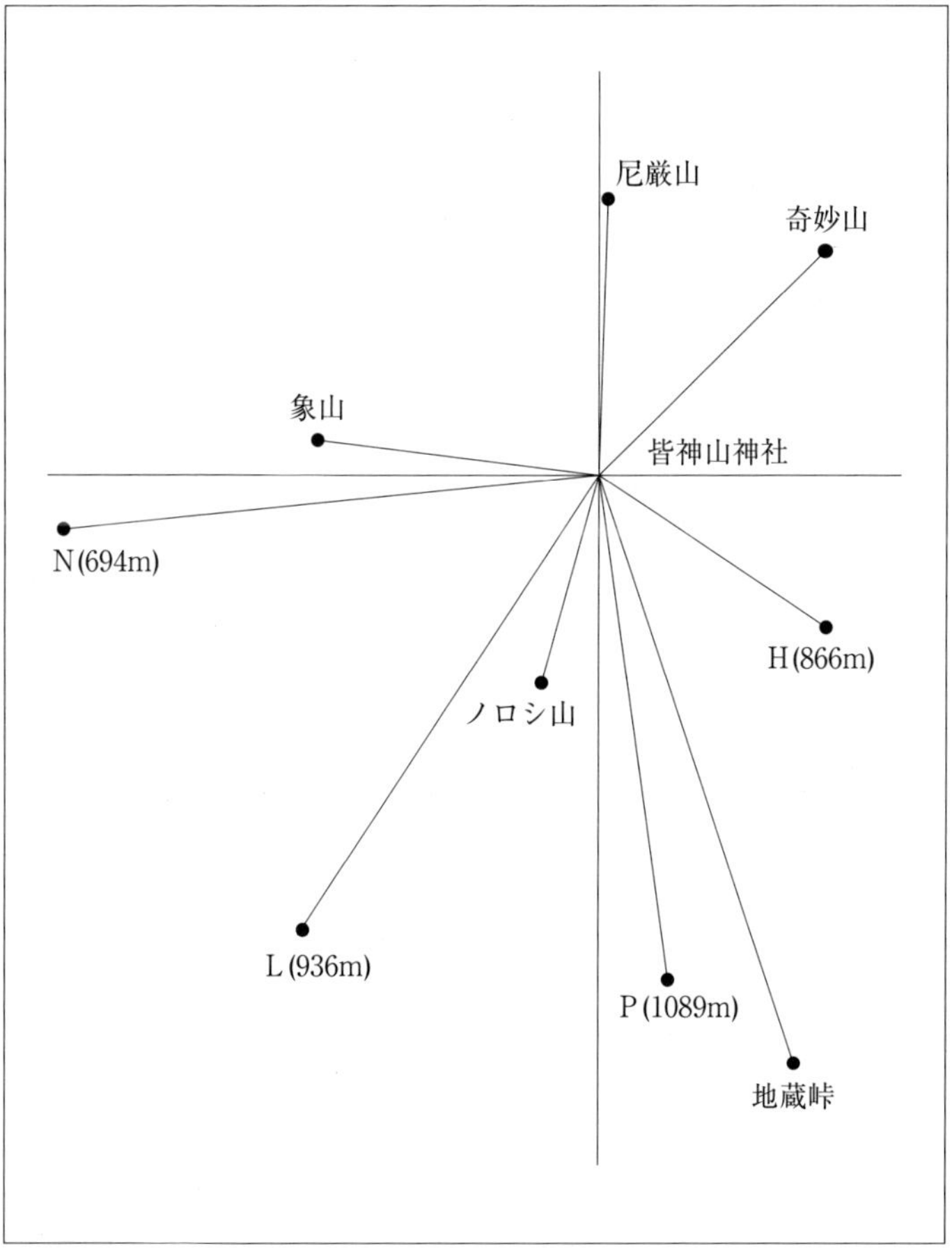

皆神山周辺の山々

それから、この位置で、皆神山の方を向いた。すると、眼前一杯に明るいオレンジ色が広がり、右上方には、薄くぼんやりとした緑色がでていた。十和田湖で視た緑色よりも大分薄い色である。（『十和田湖山幻想』参照）

そのうちに黄色主体の色に変わり、これも眼前一杯に広がって視えた。立ちあがるエネルギーも力強く、中にはいくつかの渦も視えた。立ちあがるエネルギーの他に、いくつかの山形のエネルギーが混じり、その山形の線の中には淡いピンク系紫色が混っていた。　この位置からは、皆神山は１６０～１９０度の方向である。山に近い位置であることと、この山が台形をしているので、頂上の方向は約30度の幅になっている。

この後、皆神山の頂上に登った。この山はピラミッド山として有名であり、台形をしている頂上には皆神神社がある。

標高は６７９メートル、周囲約８キロメートルで、一見平たく見える頂上も平ではなく、中の峰、東の峰、西の峰の三つがある。中古代には群神山《みなかみやま》、天正の頃には水上山という字を用い、慶長以後は現在の皆神山を用いるようになった。

そしてここには、熊野出速雄《くまのいではやお》神社を本社とし、その境内に侍従大神《じじゅうおおかみ》、木花咲耶姫命《このはなさくやひめのみこと》を祀る富士浅間神社、少彦名命を祀る嘉佐八郎社等があり、総称して、皆神神社というが、登記上は熊野出速雄神社となっている。

熊野出速雄神社の祭神は、出速雄命、伊邪那岐命《いざなぎのみこと》、伊邪那美命《いざなみのみこと》、速玉男命《はやたまおのみこと》、豫母都事解男命《よもつことさかおのみこと》、舒明《じょめい》天皇、古人大兄命《ふるひとおおえのみこと》である。

この神社社殿に向かって立つと、ちょうど零度（北向き）方向となる。社殿の向きが南向きなのである。ここでは、明るい黄色主体で、オレンジ色が入った潜象エネルギーが視えた。立ちあがるエネルギーもほぼ同じ色であった。その中に幾重にも山形が重なって視えた。それは比較的穏やかな光であった。しばらく視ていると、エネルギーの形がほぼ円形になり、その真中の部分は強く明るい黄色になってきた。その外側には赤紫色が加わって、強い光となった。このような潜象光は滅多に現れない。

また、濃いオレンジ色の部分とその外側に若干赤っぽい色が加わった。この色と形は、前の状態と交互に視えた。

零度の方向は、尼厳山の方向である。ただし円形の潜象光は、皆神山自身のもののようである。

尼厳山の元の字は雨飾りであったようである。『米山一政著作集』（信毎書籍）によれば、尼厳山の山頂に山城があり、尼厳城または雨飾城ともいい、古く東條氏の要害であった。この城は、武田晴信（後の信玄公）により、落城させられたという。このことから、古くから雨飾山と呼ばれていたことが判る。日本百名山にある雨飾山と何等かの関わりがあったと推察される。

深田久弥氏の『日本百名山』には、これと別の山であるがこの名と同じ名の雨飾山が北西方向長野県と新潟県の県境にあり、この山が取り上げられていて、「信州の大町から糸魚川街道を辿って、佐野坂を超えた辺りで、遙か北の方に、特別高くはないが、品のいい形をしたピラミッドが見えた」と紹介してある。

この山のことについては、『日本三百名山』のなかに、頂は双耳峰になっているとあり、見る方向によって、山容が変わって見えている。

この本の中には、古事記の中に、この付近を治めていた奴奈川姫《ぬながわひめ》と大国主命のラブロマンスが生まれたところとも紹介してある。

この旅の後、しばらくしてから長野自動車道を長野インターから更埴《こうしょく》インターの方へ車で走っていたときのことである。左の方に皆神山が見えてきたので、すぐ近くの松代パーキング・エリアに立ち寄った。当時、上杉勢が布陣した妻女山の山麓に近い所であり、ちょうど、武田勢の拠点となっていた海津城との中間点にあたる。展望台に登ると、千曲川を中心に川中島合戦の古戦場跡が見える。ここのパーキングエリアには、当時の両軍の陣形や、山本勘助に率いられた武田勢の行動経路の説明図なども掲示され、広場には、上杉勢が用いた車がかりの陣と、迎え撃った武田勢が用いた鶴翼の陣を配石で表現し、その説明板もある。歴史に興味を持たれる方は、この場所から当時の両陣営の模様や、両雄の軍略に思いを馳せるのもよかろう。日本の歴史の一ページを飾っている両軍の激戦地となった場所である。

なお、海津城は後年真田氏の居城となり、松代城という名前に変わった。この城も現在は石垣のみが残っており、最近城址公園として整備されており、桜の名所でもある。

松代パーキングエリアの展望台からは皆神山がよく見える。この展望台からも、潜象光はよく視えるが、展望台から降りて、大地に足をつけて皆神山を視ると、潜象光はより一段と明るく強い光になった。

恐らく、大地電流が接地によって、流れるのと同じように、地面に接触している方が、潜象光にとっても有利に働くのであろう。もっとも、私は靴を脱いで大地に立ったわけではないので、電気的にいえば、絶縁された状態であった。従って、大地電流とつながっていたのではない。このあたりが、電流と潜象エネルギー流との違いなのであろう。

言い換えれば、電気的な絶縁は、潜象エネルギー的には絶縁とはならないのであろう。このような違いはあっても、大地と私の体との距離が離れていない方が、潜象エネルギー流を受けるには適していたことになる。

肉眼で皆神山を見るには、望楼に登った方がよく見えるが、潜象光は、大地に立って視る方がよく視えた。

ここから視ると、非常に明るい黄色とオレンジ色が、眼前一杯に広がって視えた。特に、眼下の部分から力強い光が出ていた。立ちあがるエネルギーも同色で、強い光であり、80度と190度の方向にも同じ色が出ていた。皆神山よりもやや弱いが、しかし明るい色であった。

ここから眺めても、皆神山の台形の頂上が気になった。この山は頂上が陥没しているのである。気象庁の資料に依れば元々火山であるが、何等かの理由で陥没したのである。昔、先の尖った山の時代には、今よりももっと沢山の潜象エネルギーを集めていたのではなかろうか。

大本営移転計画の謎

話は変わるが、皆神山がどうしてピラミッドと呼ばれたり、第二次世界大戦の末期には、ここに地下壕を掘って、大本営をここに移そうという計画があったのであろうか。

この計画は、地震センター資料によれば、旧軍部が極秘に計画し、一九四四年十一月から、象山、舞鶴山、皆神山で始まった地下壕掘削である。翌一九四五年四月から工事は本格化され、半地下式コンクリート庁舎の建設や、須坂、小布施の通信施設、善白鉄道のトンネル利用など、広域な施設の建設に取りかかった。政府とＮＨＫは象山、大本営は白鳥山（舞鶴山）、天皇御座所は皆神山、食料庫も同じく皆神山、仮皇居は白鳥山（舞鶴山）、賢所は弘法山という計画になっていた。

同年八月に終戦になり、施設の工事は約75パーセント完成したところで、中止となった。

地下坑道の総延長距離は、象山５・９キロメートル、舞鶴山２・６キロメートル、皆神山１・６キロメートルである。

現在、幕末の先覚者佐久間象山《さくましょうざん》を祀った象山《ぞうざん》神社の近くにある地下壕は誰でも見学できる。私が行ったときは、ツアーバスで多くの人達が見学に訪れていた。

地震研究所の説明では、大本営をここに移そうとしたのは、ここが日本のほぼ中央部に当たり、周囲を山に囲まれていたからであるということであった。しかし、私にはこのような地理的条件の他に、表面には現れない別の理由があったのではないかと思えるのである。後にでてくる生島足島神社と潜象エネルギー的に密接な関係があることや、生島足島神社が宮廷に祀られている神々の中に入っていること等を考え併せると、公にはされていない言い伝えがあるのではないかと思えるが、今となっては謎である。

出口王仁三郎と皆神山伝説

皆神山には、一般に知られていない一つの物語がある。

時は明治時代である。一人の神道家が現れた。名前は大石凝真素美《おおいしごりますみ》翁という。この方は美濃の皇学者山本秀道の下で、天津金木《あまつかなぎ》学、言霊《ことだま》学を修め、これを復興した霊能者である。

天津金木というのは、占いで使う算木に似た形でそれぞれの面に赤、黄、青、緑などの色分けがなされている木片である。この天津金木を何本も使って、古事記に著されている事柄・宇宙の真象(本当のカタチ)を表現するものである。同時に同じく占いで使う筮竹に似た天津菅曽《あまつすがそ》とを組み合わせて宇宙を現す幽玄神秘な学問とされている。

この天津金木と、天津菅曽のことについては、神道で唱える祝詞・大祓詞《おおはらへのことば》の中に、

「天つ金木を本打ち切り　末打ち断ちて　千座《ちくら》の置座《おきくら》に置き足らはして　天つ菅麻《すがそ》を本刈り断ち　末刈り切りて　八針にとり辟きて　天つ祝詞の太祝詞事《ふとしのりとごと》を宣《の》れ」とある。

私は、この方の用いる天津金木とは大分形が異なり、平たい板になっていて、色も塗ってないが、奈良の飛鳥にある三輪山の神社で、信者の祈願に天津金木を用いてあったのを見たことがある。

真素美翁が皆神山は尊い神山であって、地質学上、世界の山脈十字形をなせる世界の中心点であるという説を提唱された。また同時に、この地に帝都を置いたら、万代不易に栄えるということも、主張された由である。

この真素美翁に伴われて、大本教の教祖であり、「霊界物語」の著者である出口王仁三郎が、皆神山へ登っている。爾来、大本教にとって、富士山を天教山、皆神山を地教山としており、この山は至高の聖域となっているそうである。皆神神社の武藤宮司の談によると、春秋二回の祭があり、秋の例祭のときには、数百人の信者の方が集まるとのことであった。

皆神山山頂には、熊野出速雄神社があるが、地方史家「米山一政著作集」の「信州皆神山の修験」の項に、熊野権現社として紹介されている。

皆神神社

元々ここには出速雄命を祀った社があったのであるが、十六世紀頃から修験者達の道場となっていた。

前に述べた玉依比売神社の社家小河原氏が、皆神山で修験が行ぜられるに至って、修験者の取り締まりにあたることをしていた。神社の由緒書きによると、大日如来像、阿弥陀如来像、弥勒菩薩像の木像三体が安置されている。

また、聖護院（山伏の本山）より、川中島四郡（埴科《はにしな》、更級《さらしな》、水内《みのち》、高井）の年行事職を命じられていた。明治初期の神仏分離令により、山伏は全部還俗し、社名を熊野出速雄神社と改称した。

出速男命は諏訪大神の御子神で、この地方開拓の祖神、農耕の神とされている。

侍従大神は、佐久の内山城主内山美濃守満久の三男で、侍従天狗坊と名乗り、皆神山修験道を完成させた方である。正親町《おおぎまち》天皇の永禄、元亀の間（約四百五十年ほど前）に侍従坊大天狗明王となり、神仏分離令により侍従大神と改称した。

米山一政著作集の中では、ここの修験者の歴史について述べられており、元々の神社については言及されていない。唯、前に述べたように、皆神山という呼称は、「水上山」ではなかったかという件《くだり》があり、社伝と一致している。これは古い時代に、湖の中に聳えていた山であることを意味している。

後で述べるが、２００メートルほどボーリングした結果、昔、皆神山が湖に中にあったことが証明されているので、水上山という字が当てられていたのも、納得の行くところである。

そして、ここは神の山と称してもおかしくない山である。このことについては、この本の中でそのことが明らかになるが、熊野の修験者がここで修行したこと自体、山の持つ霊気を強く感じたからであろうと思われる。

著作集の中には、麓に湧き出る湧水にことについても述べてあるが、私達がたまたま行き会わせたときには、取水のため、地元の人達の車が四・五台、湧水口のところに集まっていた。飲んでみたら美味しい湧水であった。

話は昭和になるが、昭和五九年に、週刊誌「サンデー毎日」が日本ピラミッド大特集をはじめた。東北地方の十和田湖、中部地方の皆神山、飛騨高山の位山、奈良の大和三山、中国地方の葦嶽山といった山々を特集したのである。その後、半年の間に3回も緊急増刊を出すという力の入れ具合であった。この頃は、ピラミッドとUFOの関連が取りざたされていた。

ごく最近のことであるが、長野のテレビ局から、地震センターへ皆神山の発光現象とUFOとの関係について問い合わせがあったそうである。

潜象光が集中する霊山

皆神山山上には、小丸山古墳がある。米山氏の調査によると、直径30メートル、高さ4・7メートルの円墳である。明治時代に、一度発掘しはじめたが、途中で中止され、埴輪円墳であること以外、詳しいことは不明である。なぜ、誰が中止させたか迄は判らない。

この古墳は、舒明天皇の第三皇子古人大兄命、または出速雄命の陵墓と伝えられている。大正時代、一時期、天照大神の御陵なりと呼ばれたこともあった。

サンデー毎日の調査のおり、2メートルほどの空洞（石室）があるのが判明したそう

であるが、発掘はなされていないという宮司の話であった。（この話は、横穴式石室のことかも知れない）

ここに祀られている出速雄命は、諏訪大神の三男、古人大兄命は舒明天皇の第三皇子、侍従大神は内山美濃守の三男と、不思議に三に由縁のある方々である。また古墳に祀られている古人大兄命は、亡くなられた後、白鳥になってここへ飛んでこられたことになっているが、実際には、出速雄命の御陵であろうと宮司はいっておられた。しかし、ここにある宝剣、両刃長さ二尺三寸の直刀には、「日月無二」の銘があり、古人大兄命の御佩用《はいよう》のものと言い伝えられている。

この古墳と他の二つの山頂とは二等辺三角形を構成している。

この他、皆神山周囲の山腹には、多くの古墳があったと伝えられているそうであるが、現存するのは、南方中腹、南大平にある一基だけである。

これは横穴式石室を有する積石塚である。開口したのが古く、このため副葬品などは何もない。この石室は、「サンデー毎日」が皆神山特集をやったとき、大いに注目して、地下探査まで実施したところである。そのときは確か石室奥の石の隙間から風が出てくるので、その奥に隠されたもう一つの石室があるのではないかと騒がれた。

私がT氏に誘われてここを訪れたのは、地下探査の前であったが、この石室の中に入ってみたことがある。

そのときの私の感触は、隠された地下室があるとすれば、石室の奥ではなくて、石室直下ではなかろうかと推測した。奥の石壁は偽装・カモフラージュではなかろうかと、推理小説もどきの発想であった。

皆神山周辺には、この他、空塚古墳、観音塚古墳、牧内第一号墳等が発見されている。


この山はそう高い山ではないが、地下壕を掘ったとき、土質が柔らかくて崩れ落ちそうで、途中で掘るのを中止したそうである。そのため、気象庁の調査とは違うが、一説には火山の噴火でできた山ではなく、人工の山ではないかという話になったようである。

それにも関わらず、この山からは明るく強い潜象光が出ているのである。これは、一宮とか、大社と呼ばれている神社と同じように、潜象エネルギーの集中する山ではないかと思えた。それで、この周辺で視えた潜象光の強い山々からの距離を測り、それを潜象光の一つの波長である４・５㎞の何倍に当たるかを調べてみた。

その結果、最高値の80パーセント以上が集中する可能性のある山には次のようなものがあった。薬師岳、飯綱山、戸隠山、乗鞍岳、御嶽山、浅間山、高峰山、八ヶ岳、経ヶ岳（木曾山系）。

この4・5キロメートルというのは、宮城県宮崎町にある宝森の調査のときに見つけた潜象光の波長の一つである。この4・5キロメートルの波長とは、電波でいういわゆる包絡線、あるいは変調波に当たるもので、光の波長そのものであるキャリヤー（搬送波）とは別のものである。例えば、放送で声とか音楽を電波に乗せて送るとき、声とか音楽の音の波長が変調波に当たり、電波はキャリヤーに当たる。

ここでは、大明神山――（航空機事故現場付近）――潜象の赤い山――大森（神社）――宮崎町役場（昔の城跡）が、北西から南東にかけて、4・5キロメートル間隔で、一直線上に並んでいたのである。（『神々の棲む山・東北信越編』たま出版）

4・5キロメートルという潜象光の波長は、これまで調べた山々の相互関係を良く表している。

霊山の発しているエネルギーの最大値の届く距離なのである。潜象光は波動なので、この距離の倍数になっている距離のところでは、強い光が届くのである。

従って、山と山、あるいは山と神社との距離が、この4・5キロメートルという距離の何倍になっているが判ると、その場所の潜象光がどういう状態で届いているかを知ることができる。この倍数が2・0とか、5・03とか、7・07というふうに整数に近いほど、強い潜象光が到達していると考えて良い。

このように多くの山々からの強い潜象エネルギーが、皆神山に集中していることが判った。これだけの山からエネルギーが集中していれば、普通の山とは違う潜象界の高エネルギー場になっていても不思議ではない。

ここで、私が眼を閉じて視える光のことをなぜ潜象光とか潜象エネルギーと呼び、眼を開いて見える普通の光のことを顕象光と呼ぶことにしたかについて、少し説明しておこう。

カタカムナと潜象光

大分以前のことになるが、箱根であるグループの集まりがあった。ここでたまたま知りあった方から、相似象学会誌の一部を譲り受け、「カタカムナ考」のことを知った。これは、楢崎皐月という方が、第二次世界大戦後、神戸の六甲山中で平十字という人が持っていた巻物に書いてあった図形を写し取ったもので、、超古代の日本にあった文明についての記録である。

この「カタカムナノウタヒ」の中には、日本人にしか体感できない言葉の響きが、宇宙の「理（コトワリ）」を示していると説明されている。このカタカムナノウタヒの内容は、多岐にわたっているし、そのすべてを説明するのが私の趣旨ではない。ここではその基本的なもののみを記すことにする。

この中には、宇宙の生成、変遷、宇宙エネルギーの変換等に関する記述がある。そこに示されている論理は、私たちの目には見えない世界、現代科学では計りえない宇宙エネルギーが重なり合って存在し、いろいろなものに形を変えて、変遷してゆくと説明されている。そしてその元となるものは、「アマ」といい、これが宇宙の始原量であると書かれている。このような「アマ」の集まりの世界を潜象と呼んでいる。

またこの中には、山の峰々が重なり合って見える場所は、エネルギーの集まりやすいところという説明もある。神社の境内なども同じと書いてある。こういう場所を「イヤシロチ」といい、逆にエネルギーが集まりにくい場所を、「ケカレチ（気枯れ地）」と称してある。

私はこの潜象という言葉が、目を閉じて視える光の世界の表現にちょうどよいと思い、使わしてもらうことにした。またこれと対比する世界つまり現実に目で見える世界のことは、一般的な表現である現象界ではなくて、「顕象界」という新しい言葉を用いることにした。潜象に対しては顕象の方がよりはっきりするからである。

もう一つ、私の考えがカタカムナと異なるところは、単に山が重なっただけではエネルギーが集中するとは限らないことを知っていることである。山によって、潜象エネルギーの強い山と、そうでない山があることがわかっていることである。強烈な光を発している山と、そうでもない山があるのである。

いずれ、カタカムナについても、つっこんだ検討をする機会があるかも知れないが、ここでは一応、潜象という言葉を使うことになった経緯を書いておくことにする。

生島足島神社と泥宮

間断なく立ち昇る潜象光

皆神山の調査の後、上田市へと向かった。上田市本郷には生島足島《いくしまたるしま》神社があり、そこの調査を考えていたからである。

なぜ、生島足島神社かといえば、皆神山周辺を調査するに当たって、地図上で両者の位置関係を調べたとき、皆神山のちょうど真南に神社があることを発見していたからである。

以前、T氏とこの神社を訪れたことがあるが、それは神社の拝殿が真北を向いていると聞かされたからである。この近くには北向き観音という寺院はあるが、通常、神社の社殿が北を向くことはあまりない。しかし、この神社は北向きなのである。

この神社には生島大神（人々と大地に力強い生命を与える神）、足島大神（人々の願いに満足を与える神）の二柱の神を祀ってある。式内大社であり、明治になってから国幣

生島足島神社

中社になっている。また、この神は宮中に祀ってある神々のうちにはいっているそうである。

生島足島神社へは、JR信越本線上田駅で、上田交通別所線へ乗り換え、八つ目の下之郷で下車すれば、すぐ近くにある。

生島足島神社が普通の神社と違っているのは、ここの社殿は池の中にあり、この社殿の床下にある土がご神体となっている。巫女さんの話では宮司以外の人はこのご神体を見ることは許されていないそうである。

またこの池は昔はもっと大きかったのが、道路工事のため埋め立てられて、大分小さくなったとのことであった。

社殿の前で、社殿を背にして立つと、20度、

0度、350度の方向にオレンジ色主体の潜象光が視える。時々これにピンク系紫色の光が加わってくる。立ちあがるエネルギーもほぼ同じ色である。また310度の方向にも視えるがこれはやや弱く赤紫色とオレンジ色がでていた。

池の外から社殿の方を視ると漂うエネルギーにはオレンジ系の色が多く、それにピンク系紫色が加わって、一杯に広がって視えた。立ちあがる潜象エネルギーにも、オレンジ系の色が視えた後、一面に赤紫色とオレンジ色がでてきた。

ちょっと変わっていたのは、細い金色の光線が一面に立っているのが視えたことである。

羽黒山の出羽三山神社の車のお祓い場に出ていた潜象光に似ているものである。羽黒山では、お祓いの間視えていたが、ここではお祓いしていないのに、最初からずっと視えていた。岩手県の早池峰神社（大迫《おおはざま》村の方ではなく、遠野にある神社）でもこれに似た潜象光が視えていたのを思い出した。早池峰神社では、上から降り注ぐような感じの光であったが、ここのは少し違っていて、地上から金色の線が立っているという風に視えた。つまり、金線が途切れないのである。

この池が昔のままであれば、もっと強い潜象光が視れたかも知れないと思えば、少し残念であった。

巫女さんの話では、ここの社殿が北を向いているのは、ちょうど、社殿の真正面方向にに諏訪摂社が在るためとのことであった。

由緒書に依ると、その諏訪神が生島足島社の方へ毎年秋から春にかけて移られて、二柱の大神にお粥を炊いて献供されるそうである。生島足島神社の社殿が北向きで、その正面に諏訪社の社殿が南向きで、互いに向かい合って造られているのは、そのためであると説明してあった。

お目にかかった武藤宮司さんの話では、本殿は三つに分かれていて、中央部が内陣、その右側が下陣であるが、お粥の献供は、諏訪社から神橋を渡って、下陣にて行われる。この献供は、毎年十一月の第一月曜に始まり、毎週一回、四月まで計24回行われる。なお、十二月三十一日と、一月十四日（この日は農作物の吉凶を占う祭）がこれに追加される。この献供は、下陣で行われるが、お供えの向きは内陣ではなくて、西の方、泥宮大神の社の方へ向かって供えられるとのことであった。

神社の社務所で求めた「塩田平とその周辺（上田市塩田地区学校教職員会、上田市塩田文化財研究所編、信毎書籍出版センター発行）」にも、本宮は泥宮大神であることが書かれてある。

霊山からの光が集中する泥宮

私は皆神山との関連で、この社が皆神山の真南に位置していることが判って以来、ずっと皆神山に対して社殿の向きが北向きになっているのであろうと思っていた。諏訪摂社と対応しているのは分かるが、元々は生島足島神社が北向きに造られ、それに向かって諏訪摂社が建てられたとも考えられる。

このことは別にして、今回再度訪れてみて、ここの本宮が泥宮であることを知り、そちらの方も訪れてみた。

泥宮大神は上本郷（N36度21分01秒、E１３８度12分08秒、H５００m）に在り、こぢんまりとした社である。拝殿の奥に本殿があるが、現在はここの床下に長方形の石が安置されている。

なぜ現在と書いたかというと、この泥宮という変わった名前の由来が土に起因していることが、「塩田平とその周辺」に記載されていたからである。

「泥宮のご神体は、大地の泥なのです。土地そのものを神として祀るのは、大変古い時代の人々の信仰です。泥は稲を作るためにはなくてはならないもので、命をつなぐ米の元として、大切に祀られたお宮」

とある。生島足島神社のご神体が土であるのも、これによるものだそうである。

社とは切り離された形となっているが、社殿の前方には小さな池がある。子供たちが池の周りで遊んでおり、穏やかな雰囲気の地であった。

塩田平には池が多い。昔から雨が少なくて、住んでいる人は水に困ることが多かったようである。塩田平の民話の中には、雨乞いの話や、池を掘る話が多いのはそのためであろう。国土地理院の二万五千分の一の地図で見ると、この塩田平には、驚くほど池が多い。その昔、この辺一帯湖ではなかったのかと思われるぐらい池が多いのである。実際、大昔ここは海（湖）であったそうである。塩湖だったようである。

また、塩田平はいたる所にコスモスが咲いていて、抜けるような青空に白い雲が流れ、時折、風にそよぐ姿を見ると、昔の景色もこれに近かったのではないかと思ってしまう。また、この塩田平や、佐久地方の夕景も特筆すべきもので、大きな夕陽が沈み、真っ赤に空一面が焼けると、昔の日本人が神々への感謝をもって、家路に就く光景が思い浮かぶのである。

古来、日本人は自然を大切に、また自然に神を感じ、感謝して生きるという民であったようだが、戦後、アメリカ式の欲しいものを、お金で手に入れるという昨今の風潮に、大事なものを無くしてしまったのではないかと、感じさせる場所でもある。

話はそれたが、「塩田平とその周辺」「塩田平の民話」の編集は、黒坂周平氏（長野県文化財保護協会会長・塩田文化財研究所長）の音頭取りで始まったとのことである。その元になったのは、「塩田平の文化と歴史」という本であった。当時、研究所幹事長として、この本の編集や、写真撮影をされた宮沢文雄氏の話では、役場の人や教職員有志の方々が集まり、現地に何度も足を運んで作られたとのことであった。

この本が好評で、初心者や学校の生徒達向けに、判りやすく、民話や伝説を追加して、作り直されたのが、前記、二冊になったとのことであった。同氏は八十歳を超え、幹事長を引退されているが、今なお健在で、新しいテーマに取り組んでおられた。なお、黒坂氏も齢九十歳を超えられ、引退されている。

「塩田平の民話」に拠ると、この塩田平は海で、塩水を汲んだところを「浜場」といい、塩を焼いたところを「釜屋敷」といったそうである。現在でも、この地方では田圃に行くことを、「沖へ行く」とか、「浦へ行く」といっているそうである。

このように昔の土地の状態が、民話の中に残っており、その頃の呼び名が、今でも使われているのは驚きであった。

この海（湖）は、埴科《はにしな》郡の坂城《さかき》の所から壊れて水が流れ出し、陸地になったとも言い伝えられている。いつ頃、現在の地形になったのかが判れば、なお一層興味深いことになる。

地図を見ると、上田市の西北、坂城町と接する所に、上塩尻、下塩尻というところがあり、現在はここと城山の麓の小泉というところが、崖になっていた。そして、この間を千曲川が流れている。

塩田平が湖であったころ、この間が切れて水が流れ出たと考えても、おかしくない地形になっている。

箱根の芦ノ湖で、湖の端の方を湖尻というように、ここでも、塩尻という地名そのものが、昔、塩湖の端の方であったことを、物語っている。

大分以前になるが、T氏の案内で、小諸の方から、車で上田の方へ走ったとき、下塩尻の方は切り立った崖になっていたように記憶している。そのとき、T氏はこの付近は大巨人のダイダラボッチが、山を崩した痕であるという伝説があるともいっておられた。

このダイダラボッチ（ディデラボッチ）の話は、信州では沢山ある。

『日本の民話』（18）（民話の研究会編　世界文化社）では、このダイダラボッチは上州（群馬県）と信州（長野県）の山間に棲んでいて、赤城山に腰をかけ、利根川の水で足を洗っていたとあるから、物凄く大きい人である。

これには、また、松本あたりには塩水湖が幾つもあったと述べてある。湖は一つではなかったらしい。ダイダラボッチは、人間の求めに応じ、山を造ったりしている。山を造るために、土や石を藤蔓で縛って運んでいたら、途中で蔓が切れて土がこぼれ落ちた。それが羽黒山となった、等々である。

あるとき、イノシシ鍋を浅間山にかけて煮ていたが、鍋を運ぶとき、その煮えたぎった汁をついこぼしてしまい、そのため、上州の六里ヶ原あたりは、熱と塩水で草木が生えなくなった。ダイダラボッチは人間に迷惑をかけて済まないと思い、田や畑のできる広い土地を作ってやったりした。

このダイダラボッチと同じくらい大きいダッタイボウとの力比べの話は面白い。一晩のうちにどちらが姿形の美しい、大きな山を造れるかを競ったのである。

ダイダラボッチは榛名富士を造っていたが、上州の鶏が早く鳴いたので、一もっこぶんの土を積み損ねた。積み損ねたもっこの土は「ひともっこ山」として、榛名富士の傍に並んでいる。

一方、ダッタイボウの方は駿河の鶏が寝坊したため、鳴くのが遅くなり、多くの土を積むことができ、日本一の富士山を造り上げた。

この話は下塩尻と城山のところの山を削って、塩湖の水を無くして、田や畑になる土地を造ったのは、ダイダラボッチという話につながる。

「塩田平の民話」にでてくる舞田山や夫神山も、ダイダラボッチが土を運ぶときに、こぼれ落ちたものが山となったという。

青森県八戸地方の伝説「八の太郎」では、龍になった八の太郎が、自分の棲み家である湖を造ろうとする試みを、各地でやったという話もある。秋田県の八郎潟や、青森県との県境にある十和田湖は八の太郎が造ったことになっている。山を削ったり、動かしたりする超人的な話は、形を変えて各地にある。

さて、泥宮の社の正面270度の方向に向き、潜象光を視てみた。この方向には、赤オレンジ色と赤紫色の濃い立ちあがる潜象エネルギーが視えた。55度の方向も、やや弱いがこれと同じものが視えていた。350度の方向は、赤オレンジ色の立ちあがるものがあった。この色、0度（真北）の方向でも強く、350度の方向よりも明るい光であった。

この他、280度、245度、220度、235度の方向にも、明るく強い潜象光が視えた。その色は明るい紫色で、眼前一杯に広がって視えた。しばらく視ていると、それに濃い赤オレンジ色が加わった。漂う潜象エネルギーも同じく濃い色であった。また、１７０度の方向には、強烈なピンク系紫色とオレンジ色とが交互に重なり合った山形の濃い光が視えた。生島足島神社で視たときは、周囲の木立の陰であったが、ここはそのように遮るものがないので、全体的にはこちらの方が明るい色に視えた。

また、生島足島神社の場合は、周囲にある建物や樹木で、３６０度見渡すことはできなかったが、ここはそのようなものがほとんどないので、各方面からの潜象光がこの地に集まっているのがよく視えた。

この泥宮から視た潜象光の方向であるが、その場では、周囲の山々、女神岳、大明神岳、独鈷山《どっこやま》等よりのものであろうと思っていた。これらの山々からの潜象光があったことは確かである。しかし、上記の方向からのものは、これらの山々からのものよりも強く明るい光であり、地図上で調べたら、次のような山々からのものであった。

磁方位修正（西偏7度）後の方向

48度の方向　四阿山《あずまや》、菅平

１６３度の方向　蓼科山、八ヶ岳

２１３度の方向　水沢山、経ヶ岳、駒ヶ岳（木曽山脈）

228度の方向　　御嶽山
238度の方向　　乗鞍岳方向（若干ずれている）
263度の方向　　夫神岳、穂高岳、槍ヶ岳
343度の方向　　戸隠山、
353度の方向　　飯綱山、黒姫山、妙高山

これらの山々からの潜象光がよく視えたのであるが、特に乗鞍岳から穂高連峰にかけての潜象光が非常に強い光であった。

この中間にも、それぞれ潜象光は視えたが、ここには特に強い光のもののみを列挙した。

このように、名山とか、霊山とか呼ばれている山々からの潜象光が、泥宮ではよく視えたのである。つまり、霊山からの光がこの社に集中しているのである。

現在は小さな社であり、周囲に遮るものが何もなかったので、潜象光を視るのは楽であった。

この宮は泥（土）を神の依代《よりしろ》としてあるが、前に述べたように、ご神体として現在で

は長方形の石が社殿の下に安置してある。この宮の周辺は非常に穏やかな雰囲気に包まれている。

地図上で、この二つの神社や、周囲の山々との関係を調べてみた結果、生島足島神社の位置について、次のようなことが判った。

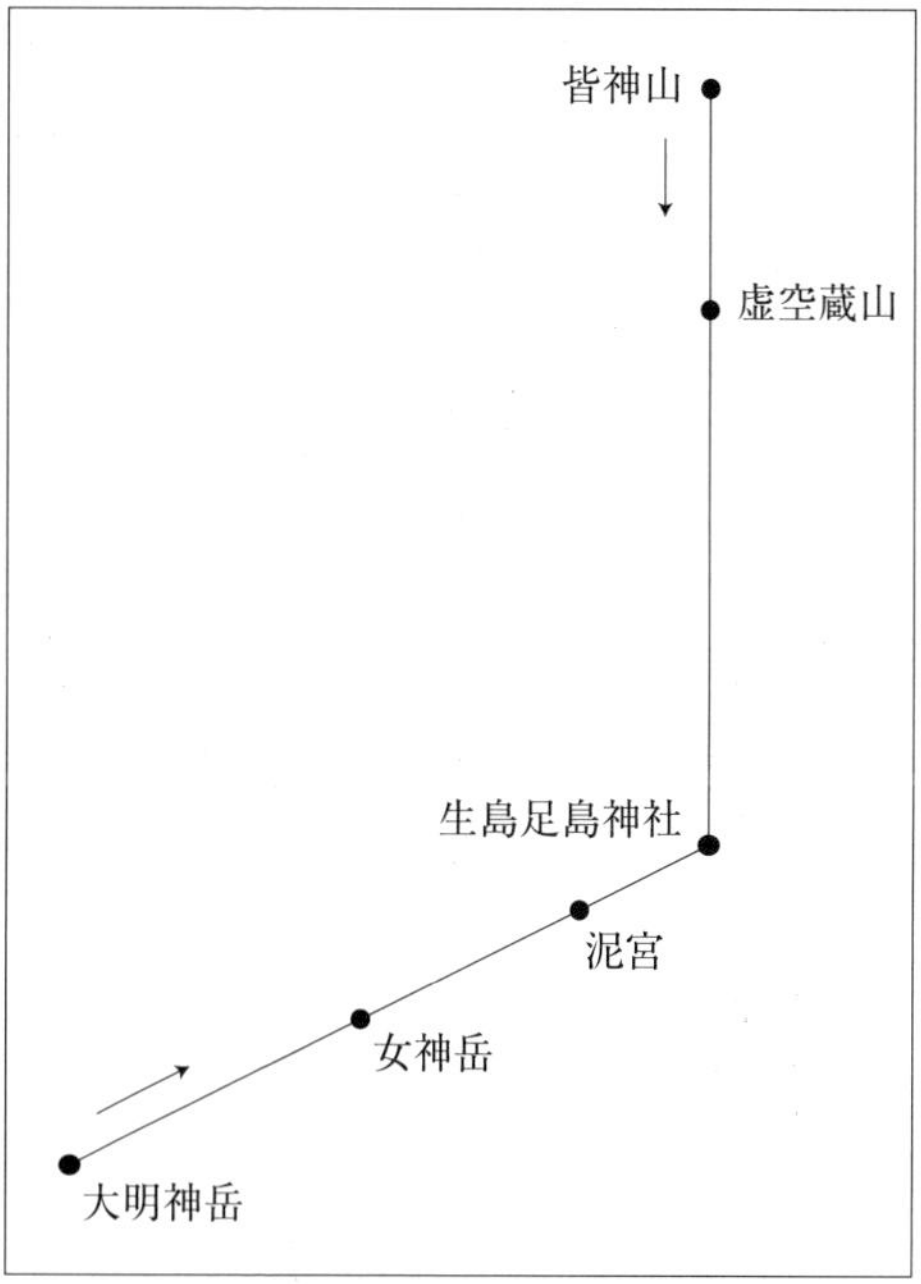

生島足島神社と周辺の山々の位置関係

泥宮から女神岳を望むと、その向こう側に大明神岳がある。この三者は一直線上にある。このラインを泥宮から山と反対側へ延ばすと、生島足島神社に至るのである。

このことは、泥宮が生島足島神社の本宮であるという言い伝えが本当であるという証拠になるのである。

大明神岳——女神岳——泥宮——生島足島神社という一直線

上の配置となり、地元で山から神様が降りてこられるといわれている由縁が、ここにあることが良く判るのである。

山の放つ潜象光は、このラインだけではないが、一つのライン上に信仰の山が二つ重なり、二つの宮がその線上に並ぶというのは珍しいことである。

なお、エネルギーの波長として、これまで考えてきた4・5㎞の数値でこれらの山からの距離を二つの神社で測ってみると、100%というわけではないが、いずれも80～90%の潜象光が届く位置である。

この「大明神岳」という名前は、宮城県宮崎町で、潜象の赤い山を造ったと考えていた山の一つにもあった。この名前の山は各地にある。

ここの大明神岳には、昔、大坊主が棲んでいて、付近の木こりに相撲を取れといい、木こりが相撲を取ったが、負けそうになったので、大まさかりで大坊主の腰を打った。逃げた大坊主の血の痕をたどると、大明神岳の頂上の一つの石の洞窟へ続いていたという民話がある。(塩田平の民話より)

この相撲を取る話は津軽地方にもある。そこでは、大坊主ではなく、「鬼《キ》」となっており、相撲の相手をしてくれたお礼として、農家の手伝いをしてくれたという話になっている。鬼はオオヒトとも呼び、人間と仲良く暮らしていたようである。

話の結末はまったく違うが、大きな者との相撲を取る話は同じである。昔は日本の各地に、巨人族とでもいえる人達が住んでいたようである。

生島足島神社については、もう一つ、特別な条件が具わっている。それは前に書いた皆神山との関係である。

この神社の社殿が北向きに造ってある理由として、神社の由緒書きには、この神社の境内にある諏訪摂社と互いに向き合う形であるとのことである。それはその由縁があるのであろうが、前に述べたように潜象界のことを考えると、もう一つ、別の理由があるようである。

地図上で生島足島神社の線を北の方へ伸ばしてゆくと、皆神山に到達する。皆神山は扁平な頂上になっており、その中に三つの峰がある。その内で、皆神山神社の南西の方向にある峰（６４２メートル）に、生島足島神社からのラインがピタリと一致する。つまり、この峰は、ちょうど、生島足島神社の真北に位置するのである。

そして皆神山と生島足島神社との距離が、22・５４㎞（地図上調べ）で、４・５㎞のちょうど五倍に当たるのである。この両者を結ぶ線上に、虚空蔵山があるが、この山と神社との距離は、８・８６km（４・５kmの１・９７倍）で、ほぼ二倍に近い値となるのである。

これの意味することは、皆神山の発している潜象光が、ちゃんと生島足島神社に届いていることになる。

もう一つ、このことを裏付けるものを発見した。それは生島足島神社の大鳥居である。神社から少し離れたところに赤い大鳥居が建てられている。この大鳥居の向いている方向を調べたら、なんと、虚空蔵山の方向であった。これは私が宮司さんと話をしている間に、Ｓ氏が見つけられたのである。虚空蔵山の向こうには、皆神山がある。つまり、大鳥居は皆神山の方を向いて建てられていたのである。

米山氏の調査によれば、虚空蔵山の山頂には、大奇石が屹立《きつりつ》し、ここに虚空蔵菩薩を安置したので、この名が生まれたとある。またここには城が築かれ、この山の西端にある和合城と併せて、虚空蔵山城と称せられていた。この城は別名、鼠城とも呼ばれていたが、これは、同城の西北麓の鼠宿という村落と関係がある。

むかし、不寝番《ねずのばん》のことを不寝見《ねずみ》といっており、それが鼠《ねずみ》に転化している。ここに監視所が置かれていたために、分名されたのである。

虚空蔵山は、皆神山からの潜象エネルギーを、大きく受けている山であるが、山頂に大奇石が屹立していることは、それを傍証していると考えられる。

大明神岳――女神岳――泥宮――生島足島神社のラインと、皆神山――虚空蔵山――生島足島神社のラインとが、ちょうど交わる地点に社があるのである。このような場所に神社が造られているのである。ここでは、潜象エネルギーのピークが重なり、三角波の現象が発生する条件を備えている場所である。

三角波というのは、互いに異なる方向から押し寄せる波の重なりが合成されて、普段の波よりも高くなる現象で、千葉県銚子沖の三角波は有名である。

銚子沖は、地形上、三角波のできやすいところなのである。どうして銚子沖では三角波ができやすいかというと、太平洋から押し寄せた波が、いったん海岸に到達し、それがはね返された波となり、今度は逆に海岸から外洋の方に進む波に変化する。この波が海岸の方に押し寄せてくる波にぶっつかるときに、波の高いところどうしが合成されて、元々の波よりも大きな波になるのである。

これと同じことが、潜象光の合成についてもいえるのである。潜象光の場合、はね返された波というよりも、別々の山からの潜象光が合成されて、より大きな潜象光、あるいは潜象エネルギーになるのである。

社殿が北向きになっているもう一つの理由として、私は、このことがあるのではないかと思うのである。つまり、皆神山からの潜象エネルギーを受けるために、北向きの社殿となっている様に思えるのである。このことは、この場所を潜象界のエネルギーの流れを考えたとき、非常に重要になってくるのである。

生島足島神社に向かって立ったとき、細い雨が降るように、潜象光がこの社に降り注いでいるのが視えたのは、これら両者からの潜象光が、今でも届いていたからであろうと思われる。

これに加えて、周辺には泥宮で視たように、南アルプス、中部アルプス等の山々からの潜象光が多く到達しているので、これらのエネルギーが集まる場所と知って、社が建立されたのであろうと思われるのである。

このような潜象界の光は、神を信じておられる方にとっては、それこそ、神の光そのものであったろうし、信仰の対象になっていたとしても不思議ではない。潜象界の光は可視光線ではないので、一般的には肉眼では視えない光である。しかし、この潜象光は潜象エネルギーと呼んでいるように、潜象界のエネルギーなのである。私たちはそれに気がついていないのであるが、地球上のあらゆるものに対して、まんべんなく降り注いでいる光である。つまり、神（宇宙神とでもいうべき神）の慈悲の光といっても良いものなのである。

この光は場所によって強い弱いがあるし、その色も異なっている。しかしエネルギーであることには変わりはないのである。私たちはそれに気付かないまま、その光（エネルギー）をいつも享受しているのである。

生島足島神社のもう一つの特徴は、社が池の中にあるということである。こぢんまりとしたこの池、昔はもっと大きかったのが、道路工事で削り取られて小さくなった由である。

元のままの大きな池であれば、ここで視えた潜象光はもっと明るく強いものであったろうと想像される。

池とか、湖とかが潜象エネルギーの蓄積に関与してることは、香取神宮のとき以来、鹿角盆地でも考えたことである。

茨城県の香取神宮には、地震を抑えるために境内に要石《かなめいし》が埋められており、少し離れたところに池がある。この池は潜象エネルギーのリリーフバルブ（安全弁）の役割を果たしているようで、蓄積された潜象エネルギーを緩やかに放散している。

鹿角盆地のところは、昔、湖であり、ストーンサークルで創成された潜象エネルギーの蓄積、乃至、蓄積されたエネルギーの調整をしていたのではないかと考えたのである。

皆神山が湖の中ノ島であったことと考えあわせれば、この神社の池も単なる池であるというわけではない。大いに意味を持った池だったのである。

この生島足島神社から、西の方へ約5・6キロメートルほどの所に、常楽寺という寺がある。ここの観音堂に安置されている観音像は、北向きになっており、北向き観音と呼ばれている。

このいわれは、昔、別所の東北の山麓から、毎夜、妖しい光が立ち、地の底がうなりだして、火が上がり、ついに大きな坑ができた。都から勅使として、良岑安世《よしみねやすよ》と、比叡山の円仁慈覚大師が来て、祈祷をすると、この坑から紫の雲が現れ、金の光がサッと南の方に移った。大師が禅定をしていると、観世音の声がして、我が像を北に向かって安置するようにいわれたのが、始まりとのことである。（塩田平の民話より）

この北向き観音堂は長野善光寺の南に位置している。正確には若干西側に振れ真南ではないが、ほぼ南に近い。因みに、両者間の距離は、35・5キロメートルで、潜象光的な結びつきもある。生島足島神社からそう遠くないところに、似た話があるというのも、不思議なことである。

なお、この北向き観音は、鬼無里の鬼女紅葉伝説にも登場しており、都から鬼女討伐にきた人が祈願したとされる観世音菩薩である。

この後、別所温泉森林公園東口展望台へ登ってみた。N36度20分10秒、E138度08分50秒、H＝800mの地点である。ここに登ると、夫神岳《おがみだけ》がよく見えるのである。夫神岳の方は、このとき穏やかな潜象光が全体に漂っていた。そう強いものではなかったが、山全体が光に包まれていた。

この場所で、3～4度の方向に鮮やかな紫色の光柱が視えた。この紫色の潜象光は見事であった。その後で、この方向を含む355～10度の方向に立ちあがるオレンジ色の潜象光が視えた。

地図上で補正をすると、3～4度の方向は黒姫山、赤倉山、妙高山の方向であり、355～10度の範囲になると、これに戸隠山、薬師岳、飯綱山等が加わることになる。

この山を降りる途中、女神岳がすぐ側に見える場所があったので、車を止めて視てみると、強いオレンジ色の光が視えた。この潜象光はここでは夫神岳のものよりも強く視えた。山に近かったせいもあるが、山自体の持つ潜象光が強いように思った。

山を降りる途中、松茸料理の店があったが、時分時を外れていたので、残念ながら割愛した。別所温泉のあたりは、松茸の産地で有名で、あちらこちらに松茸の看板が見られる。別所温泉は、「枕草子」にも出てくる古い温泉で、鎌倉時代には、北条氏の一族が治めていた。この近くの前山寺は三重の塔で有名であり、またこの寺の近くに、第二次世界大戦時の戦没画学生の絵が収められている「無言館」がある。出征前に描いた妹の肖像画など、良い絵がいくつもある。


大明神岳の東の方、生島足島神社の南南西の方向に、独鈷山がある。ごつごつした山で、泥宮からよく見える。この山は女神岳とは、泥宮を頂点とする二等辺三角形を形作っている。

塩田平の民話によると、谷が九十九あり、弘法大師がお寺を造るために、独鈷山に来て谷の数を数えられたそうである。その後、高野山で谷を数えると百谷あり、高野山にお寺を建てられたという。

これと同じ話が青森県にもある。三戸町と名川町との境にある名久井岳がそうである。ここでも、弘法大師が谷の数を数え、九十九だったので、寺は建てられなかったそうである。これらの話は、他の地方にもあると思われるが、潜象エネルギーの面から考えると、弘法大師は潜象エネルギーの強いところを探して歩いておられたのではなかろうか。高野山に堂宇を建立されたのは、多分、ここのエネルギーが最も強かったのであろう。

地図を調べていたら、この周辺の山々はなかなか興味の湧く配置になっている。

女神山と独鈷山は、生島足島神社を頂点とする精度98パーセントの二等辺三角形を形成している。潜象エネルギー的にはピーク値の八割強がそれぞれの山から神社に届く計算になるのであるが、両者の合成波を考えると、単独の山より届くエネルギーの最大値よりも、六割近く大きいものが届いていることになる。

夫神岳と女神岳と大明神岳は、精度98パーセントの二等辺三角形をなしているし、女神岳と夫神岳とこの地方の富士山の三山も同じである。

さらに、女神岳と独鈷山および富士山（1029メートル）とは、精度96パーセントの正三角形をなしていることが判った。

なぜか判らないが、この富士山の東の方には、富士嶽山（1034メートル）もあるし、平地になったところには、二個所も富士山という地名がある。富士嶽山に近いところはウ冠の富士山であり、ここより北の方にあるのは、ワ冠の富士山である。そして、

女神山

この冨士山という地名のところには、北の入池という池があり、この池の中心部と冨士山との距離は、8・75キロメートルで、4・5キロメートルの1・95倍に当たる。冨士山の潜象エネルギーが良く届く距離である。

真田の里

神の宿る山からの放射

「塩田平とその周辺」（前述）の中に、「真田の里」の項があり、そこに四阿山《あずまやさん》と山家神社のことが記されていたので、ここを訪れてみた。

そこには、四阿山は真田の里のシンボルの山で、上田盆地に流れる神川の源で神の宿る山として、信仰されている山であることと、山家神社は真田氏の氏神で、延喜式内社であると書いてあった。『日本の神々』（九巻）（谷川健一編　白水社）にある山家神社の項には、当社の祭神は大国主命、伊邪奈美命、菊理姫命の三柱で、四阿山の頂上に奥宮が祀られている。また、養老年間に白山比咩神社の分霊を合祀したとある。（黒坂周平・久保浩美）

まず、四阿山の方から調べることにした。地図で見ると、菅平高原の菅平牧場から肉眼で見えそうだったので、牧場の方へ向かった。雪の季節は、このあたり、スキー客で賑やかなところであるが、初秋だったので人はほとんどいなかった。

菅平牧場の中の私有地の中の道路を走り、車の入れるところでは四阿山がよく見えなかったので、牧場の人に特別に、一般車通行止めのところから少し先の所まで入らせていただいた。

しかしここでも、四阿山の頂きは見えたが、山全体は手前にある根子岳に遮られて、完全に見ることはできなかった。

この場所で潜象光を視てみると、全体的に穏やかな黄色主体の漂うエネルギーが広がっていた。立ちあがるエネルギーも黄色がかったオレンジ色であった。しばらく視ているうちに、周りが赤っぽい濃いオレンジ色に変わった。濃い黄色もこれに加わった。隣にある根子岳よりも大分強い光であった。

この場所では、四阿山の方向（90度）の他に、150〜170度の方向にも強いオレンジ色が視えた。また、180度の方向には、オレンジ色と赤色の立ちあがるエネルギーが視えた。220度の方向も同じであった。

310〜330度の方向には、赤オレンジ色と幾分紫がかった色が、明るく漂っていた。この辺り一帯290度の方向も含めて、いずれの方向も明るく綺麗な色の光である。ただし、所々黒っぽいところがあり、若干気になった。

この牧場の人の話では、四阿山全体がよく見えるのは、鳥井峠付近であるとのことだったので、帰途立ち寄ることにした。

そしてその前に、途中にある山家神社へ向かった。山家神社は、鳥居の所から社殿に向かう参道の周囲に、見事な欅の大木が立ち並んで、参道の入り口には、コスモスが色とりどりに咲いていた。

この参道を奥へ進んでいって、社殿に向かって立つと、オレンジ色の立ちあがる潜象光が視えた。社殿の後ろの方へ回れるので、社殿の裏側へ周り、同じ方向で視てみたが、社殿の前で視た光の方が明るいものであった。また、社殿の前で社殿を背にして参道の方を向くと、木の繁りで幾分暗くなるが、明るい黄色とオレンジ色の潜象光が視えた。

山家神社を終えて、帰途、鳥井峠に向かった。鳥井峠では、四阿山への登山道のところが、通行止めになっていて、先へ進めなかった。この登山道の入り口付近では、山頂は見えたが、山全体は手前の林に覆われてよく見えなかった。

この山道を管理している人の話だと、群馬県嬬恋村付近では山全体がよく見えるとのことだったので、そちらの方へ回った。

唐沢温泉入り口付近で、四阿山がよく見えるところがあった。（N36度28分38秒、E138度26分50秒）この辺りは、高原キャベツの産地で、一面のキャベツ畑が見事である。

既に午後五時を過ぎていたので、山のエネルギーは大分落ちていたが潜象光は視えていた。

この場所で視えた潜象光を地図上で補正をして方向を出すと次の通りである。

１５０〜１７０度　浅間山、高峰山、妙義山、金峰山、甲武信岳
１８０度　烏帽子岳、蓼科山、八ヶ岳
２２０度　木曽山系、経ヶ岳
２４５〜２４８度　乗鞍岳、四ツ岳
２９０度　五竜岳
３１０〜３３０度　薬師岳、戸隠山

真田町の中心部からは少しはずれているが、真田流そば処「佐助」（Ｔｅｌ　０２６８・７２・２２８７）の蕎麦は素朴で、ぽってりとした香りの高い蕎麦である。建物は約三百年前の北信濃の農家を移築したそうであるが、そば処によく似合っている。町役場近くの新井の信号から東南の方へ約１・５キロメートルほど走って、旧菅平有料道路（現在無料）にぶっつかったところの小高いところにある。

子供の頃、祖父の家には講談本が何冊も置いてあった。多分叔父達が読んだのであろう。その中には、真田十勇士の話があったことを覚えている。「佐助」の名前から、忍者猿飛佐助のことをふと思い出した。豊臣家と徳川家との政争にまつわる話に登場してくる真田家の話として有名である。

善光寺

焼香炉からよく視える潜象光

昔から、信州信濃の善光寺といえば、大抵の人が知っているお寺である。

「一生に一度は善光寺参り」とか、不信心な老婆を牛が引っ張ってきたという「牛に引かれて善光寺参り」とか、病を治していただいた話とか、霊験あらたかな話は幾つもある。善光寺資料館に所蔵されている古絵馬は立派な額になっている。これらは、病気平癒の御礼の絵馬ばかりではなく、夢の中に現れた如来を描いたもの、大和絵風の物語の額など、現代の絵馬とは大分違った絵馬である。寺の資料によると、このような古絵馬は二百七十余も所蔵されているとのことである。また通常の絵馬は二万を超えるそうである。

愉快な話は、落語の「御血脈」である。地獄で、最近地獄に堕ちる人間が少なくなったことについての会議が開かれた。その訳は、善光寺の御血脈が霊験あらたかなためであることが判り、地獄にくる亡者を増やすために、御血脈を盗もうということになった。

しかし、首尾良く盗んだとたん、これを盗んだ泥棒が、そのまま極楽に行ってしまったという落ちになっている。

長野市内にあるこのお寺の始まりについて『善光寺縁起』には次のように述べてある。

ご本尊の一光三尊阿弥陀如来は、欽明天皇十三年（五五二年）百済から渡来した日本最古の仏像である。この如来は、蘇我稲目と物部尾輿との仏教論争の末、蘇我氏が敗れ、仏像は難波の堀江にうち捨てられた。それから数百年が過ぎた。あるとき、信濃の国の本田善光が、国司に伴われて都へ参ったおり、通りかかった難波の堀江で、「善光、善光」という呼び声が聞こえ、水中より燦然と輝く如来像が出現した。善光はこの如来像を背負って国に戻り、長野に善光寺が建立されたということである。

善光寺

一光三尊とは、一つの大きな光

背の中に、三体の仏像が収められていることである。一体の仏様は一つの光背を背負っているのが普通であるが、ここにある三尊は一つの光背の中に納まっておられる。

なお、如来は善光に拾われたとき、善光は過去世で、インドのときは月蓋長者として、また百済では聖明王として、如来に仕えていたことを告げられたという話が付いている。

これは、なぜ、如来が他の者ではなくて、善光を望んでおられたかを示しているのである。

米山一政氏によれば、信濃善光寺の創建について、文献では、十一世紀後半、皇円阿《あ》闍梨《じゃり》が編集したとされている『扶桑略記』に、欽明天皇十三年（五五二年）に、百済国の聖明王が金銅釈迦像等を日本朝廷に献上したという『日本書紀』の分を掲げ、同じく同年、阿弥陀仏像・観音・勢至の阿弥陀三尊を献上しており、信濃阿弥陀如来はこれであると記してある。

善光寺古縁起については、何十種もあるが、最も古いのは、『伊呂波字類抄』のなかに収められている。これには、善光寺の仏像は、渡来して二百十六年を経た後、都で流転五十年が過ぎ、その後信濃へ移ったと記してある。また、信濃へ仏像を持ち帰った人は、若麻績《おみ》東人であるとなっている。

鎌倉時代には、善光寺信仰が盛んであったが、寺が火災にあっている。その再建を源頼朝が信濃国人へ命じたとしてある。

正応年間にできた『源平盛衰記』には、善光寺草創のことをしるし、本田善光が我が家を堂とし、吾が名を寺号に伏して善光寺としたとある。

善光寺のご本尊阿弥陀如来・観音・勢至菩薩像は、不思議に流転の憂き目にあっておられる。本田善光によって、難波から信濃の国へ移された後も、幾たびとなく遷座されている。

源頼朝の後も、その信仰は北条氏に受け継がれ、多くの堂宇が寄進されているが、火災により何度も焼失し、その都度再建されて、信仰は途絶えることがなかった。

戦国時代になると、この地方の領主であった武田氏により、上杉氏との合戦の前に戦火を避けるために善光寺前立本尊以下諸仏器が甲府に遷されている。今でも甲府善光寺があり、ここにも多くの参詣者が訪れている。

武田氏滅亡後、織田信長公は、如来を岐阜城に遷し、徳川家康公は一時、浜松に遷されたが、後に甲府に遷座させている。豊臣秀吉公は如来を京都に迎えたが、後、信濃善光寺に返しておられる。

このように幾たびも遷座されているが、見方を変えると、時の権力者が善光寺如来をいかに大切に扱っていたかがよく判るのである。

さらに江戸時代になると、幕府は本堂、宝塔、楼門などを建立させたが、大火に遭い焼失した。しかしその後、六年間全国を回るという、回国開帳があって、勧進が集まり、本堂の造営が可能となった。この如来の変遷を見ると、火災に遭ったとはいえ、全国各地に善光寺如来の信仰を意図せずに広めたと思える。誠に不思議な如来様である。

現在の本堂は、元禄十六年（一七〇三年）に、徳川幕府が松代藩に指揮を命じて造らせたもので、国宝に指定されている。

信州善光寺は、創建以来、一四〇〇年の長きに亘りその法灯を灯して、天台宗と、浄土宗の二つの宗派によって護持されている。向かって本堂の手前左側に天台宗、右側に浄土宗の本堂があり、それぞれ法要が執り行われている。

秘仏であるご本尊の身代わりとして、まったく同じ姿の「前立本尊」のご開帳が七年に一度（丑と羊の年）行われる。平成一五年がその年に当たっていた。ご開帳の年には五百万余の人々がお参りするとのことである。

私がお詣りした日は小雨模様で明るさはあまりない日であったが、それでも、立ちあがる強い潜象光が視えていた。光が一番強く視えたのは、信者が本堂手前の線香を燻らせてその煙を身体にあて、身の息災を願う大きな焼香炉のところであった。本堂の屋根の直下は、天候の具合と、大屋根で大分暗いので、そんなに明るい光は視えなかった。

お堂の中に進み、拝礼の後、「お戒壇めぐり」をした。内々陣右側奥の入り口から、階段を下り、瑠璃壇《るりだん》床下の真っ暗な回廊をめぐり、右・右とまわり、出口に至る。この中は光の一切ない場所である。目を開けても、眼を閉じても、潜象光は視えなかった。

本堂の後ろは少し敷地があるが、そこで一応、区切られている。そして、その先の方は坂になっていて、後ろの山に続いている。この背後の山腹に雲上殿がおかれている。いわゆる納骨堂である。本堂のラインを後方へ延長したところに安置されている。

雲上殿へ行くには、外側から大きく回り込むことになるが、この場所は、通常訪れる人も少なく、静かなところで、霊が安らかになると思えるところである。

背後の山、雲上殿、本堂と結んだライン上では、穏やかな明るい潜象光が視えていた。立ちあがる潜象光もあった。

雲上殿は別の日に訪れたのであるが、その日は明るい日射しのある日で、穏やかな雰囲気に包まれて、長野の市内が眼下に綺麗に広がっていた。

皆神山と松代群発地震

皆神山が有名になったのは、その所在地である長野市松代町に、昭和四十年八月以降、約三年半の長期に亘って、群発地震が発生したことによる。

この地震は有感地震だけでも、併せて6万回以上も発生している。無感地震を含めると、二〇〇〇年までに73万回を超えている。長野地方気象台の資料によると、震度Ⅳが93回（この内松代を震源とするものが39回）、震度Ⅴが24回（この内松代を震源とするものが9回）も発生している。

この群発地震は、有感地震の回数の変化と、震源域の推移から、四つの活動期に分けられている。

第一期活動期（一九六五年八月三日〜一九六六年二月）

八月三日に初めて3回の地震が観測された。震央付近では、地鳴りを伴った突き上げるような震動が多くなり、十一月頃から、地震活動は一段と激しくなり、地震観測所で記録する地震回数が千回を超し、有感地震が１００回以上になる日も多くなった。
特に、十一月二十二日・二十三日には、震度Ⅳの地震三回を含め、地震回数２千回以上、有感地震２００回以上になった。
地震発生区域は、皆神山の南東部を中心とする比較的狭い範囲に限られていた。

第二期活動期（一九六六年三月〜八月）
松代地震の活動は最盛期に入り、特に四月と五月が激しく、地震回数が６千回、有感地震回数が６００回を超える日が何日かあった。
しかし、五月下旬から地震回数は指数曲線を描いて、急速に減少した。被害地域は長野市や、須坂市にも及び、被害は松代地震発生以来、最大となった。松代町では地割れや、地下水の湧出現象が起こった。地震発生区域はさらに広がった。

第三期活動期（千九百六十六年八月〜十二月）
松代地震の中でも最大規模の地震が相次いで発生した。八月三日にマグニチュード5・3の地震に始まり、八日にマグニチュード5・1、二十八日に同5・3の地震が起こり、九月中旬から活動は衰弱に向かい、十月〜十二月にかけてさらに減少した。震度 以上の地震は、八月十回、九月七回、十月五回起こり、地震発生区域は、北東〜南西方向にさらに広がった。

第四期活動期（一九六七年一月〜五月）

地震発生区域はさらに北東および南西方向に広がった。この期間は、松代町での地震回数は著しく減り、拡大した地震発生区域の端の方で地震が多発し、時々震度Ⅳあるいは V の地震が起こる傾向になった。

この地震は松代群発地震と呼ばれ、最初の震源地が、皆神山下部であったことから、皆神山が注目されるようになったのである。

もともと、皆神山はピラミッドではないかといわれていた山であったことも加わって、原因不明の群発地震の震源地として、注目されたのである。

この地震がミステリアスなものとして取り扱われたのは、長期にわたったこと、発生回数が非常に多かったことの他、地震の発生原因を特定できなかったことがその理由で

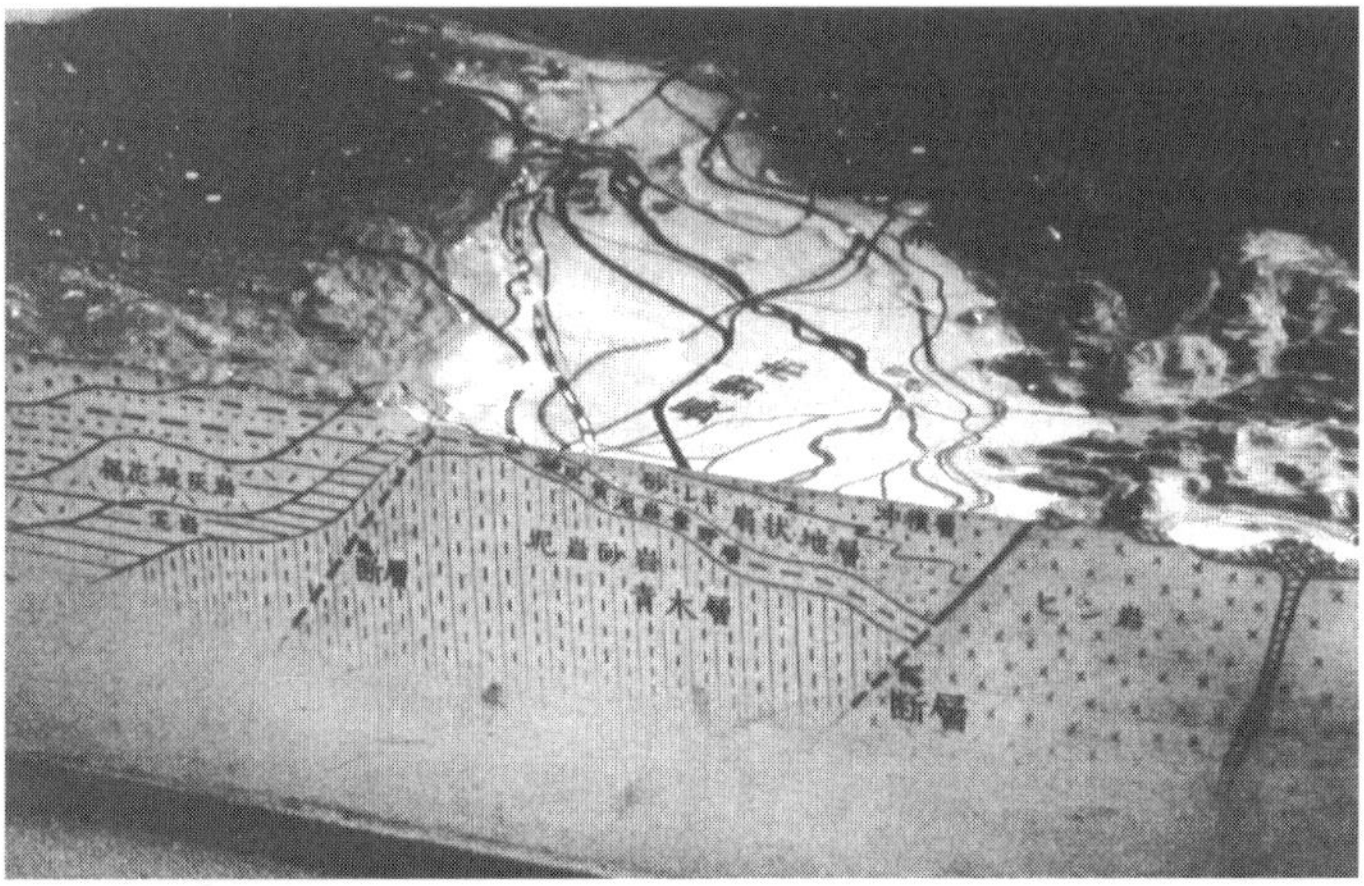

断層の断面の模型

ある。火山性地震でもなく、地殻の断層地震でもなかったのである。調査の結果では幾つかの断層がこの付近にあることや、地震の結果、周辺の地帯で、地割れや、隆起などが発生したことは調査されているが、それは結果であって、地震の原因ではなかったようである。

この地震があったので、周辺の地盤の隆起、沈降、水平移動の他、地磁気の変動、重力異常の調査なども併せて行われている。

また、皆神山北側の山麓で、200メートルのボーリングも行われた。このような調査により、皆神山を中心として、その周辺の地下構造が明らかにされてきた。

地磁気観測の結果から皆神山付近には、東側の古い花崗岩（岩層磁気が弱い）と、西側の新しい安山岩層（磁気が強い）に分ける地質的、磁気的な構造線（境目）が南北に走っており、また、千曲川沿いにも、北東―南西に磁気的な構造線が走っており、両方の構造線が、くさびの形で交わり、地下のマグマが上がってきやすい弱い構造であることも判った。

また、地磁気の強さは皆神山で強く、松代町付近では弱くなっており、皆神山からやや北側の辺りを中心に震源とほぼ一致した地域の地下3～4キロメートル付近に直径4キロメートルほどの磁石のような強い磁気を持つ塊があることも判った。

さらに、松代町内のボーリングの結果、山間部を除いて、松代町の大部分は砂と泥の沖積層からできている軟らかい地盤で、地震に弱いところだそうである。この地域は震源との関係が深い。

一方、皆神山の生成については、元火山ではあるが、爆発があったわけではなく、粘性の大きい溶岩が押し出されて、ドーム状の山（トロイデ）になったものであることも判った。

山ができたのは、第四紀（約百万年前）とみられていたが、最近では岩石の持つ残留磁気の測定などから、比較的新しいという見方も出てきたようである。

また、電気探査の結果から、皆神山付近に陥没構造のあることが分かった。重力探査の結果から、この陥没構造は長径１５００メートル、短径８００メートル、深さは２００〜４００メートル程度の大きさで、その中に多量の水が滲入したとも考えられている。

前に述べた皆神山北側の大日堂脇の２００メートルボーリングの結果、皆神山は粘性の高い安山岩が狭い火道を上昇して地上にあふれ出たもので、当時の噴火口付近は湖か沼地であったこと、その面は現在の地表から１５０メートル程、下にあることが判った。

このことから、火山の通例として、火口湖ができる以前には、火山があったものとして考えられる。とすると、湖ができる以前は、ここに大きな山があったことになる。

十和田湖山と違うのは、ここは粘性の高い溶岩で形成されているから、火山の爆発ではなく、別の理由で陥没して湖になり、頂上付近も陥没して、現在の皆神山の平らな頂上になったとも考えられる。地下の陥没構造も同時に形成されたのかも知れない。

このボーリングの後、後日、さらに２０００メートルのボーリングを行い、深い地層の調査が行われたのである。

長野市のこの周辺は、これまでにも何度か地震が発生しており、今回が初めてではない。その経歴は次のようになっている。（資料「松代群発地震記録」長野市教育委員会）

「松代群発地震記録」に引用されている「更級埴科地方誌」に依れば、長野県北部の

「群発地震分布図」（関谷博士による）は左図のようになっている。

この一帯は、昔から地震が多く発生している地域であり、組織的な観測は、明治二十二年に県営長野測候所が開設されてからである。

この中には一九〇七〜一九一六年の焼岳噴火に伴う群発地震や、年次は示されていないが、浅間山一帯の群発地震など、明らかに噴火に伴う地下マグマが地震の原因と思われるものも含まれている。

しかし、この図の中で、興味を引くのは、諏訪湖周辺に一九二二年に発生した小地震を起点として、四阿屋山（四阿山とは別の山）、聖山まで北上し、そこから北東の方向へ、松代、白根山、浅貝といった地域を包含する一つの区域に纏めてあることである。関谷博士がなぜこの区域を纏められたかは不明であるが、何か共通する地震の原因を感じられたのであろう。恐らく火山性地震とは別の原因を推定しておられたのであろう。


今回の群発地震のもう一つの特徴は、震源地の移動である。当初、皆神山周辺が震源地であったが、それが次第に北北東乃至北東の方向へ移動している。火山性地震の場合、地下のマグマの移動が原因で、震源地が移動することはあるが、今回は明確にマグマの影響とは言い切れていないのである。

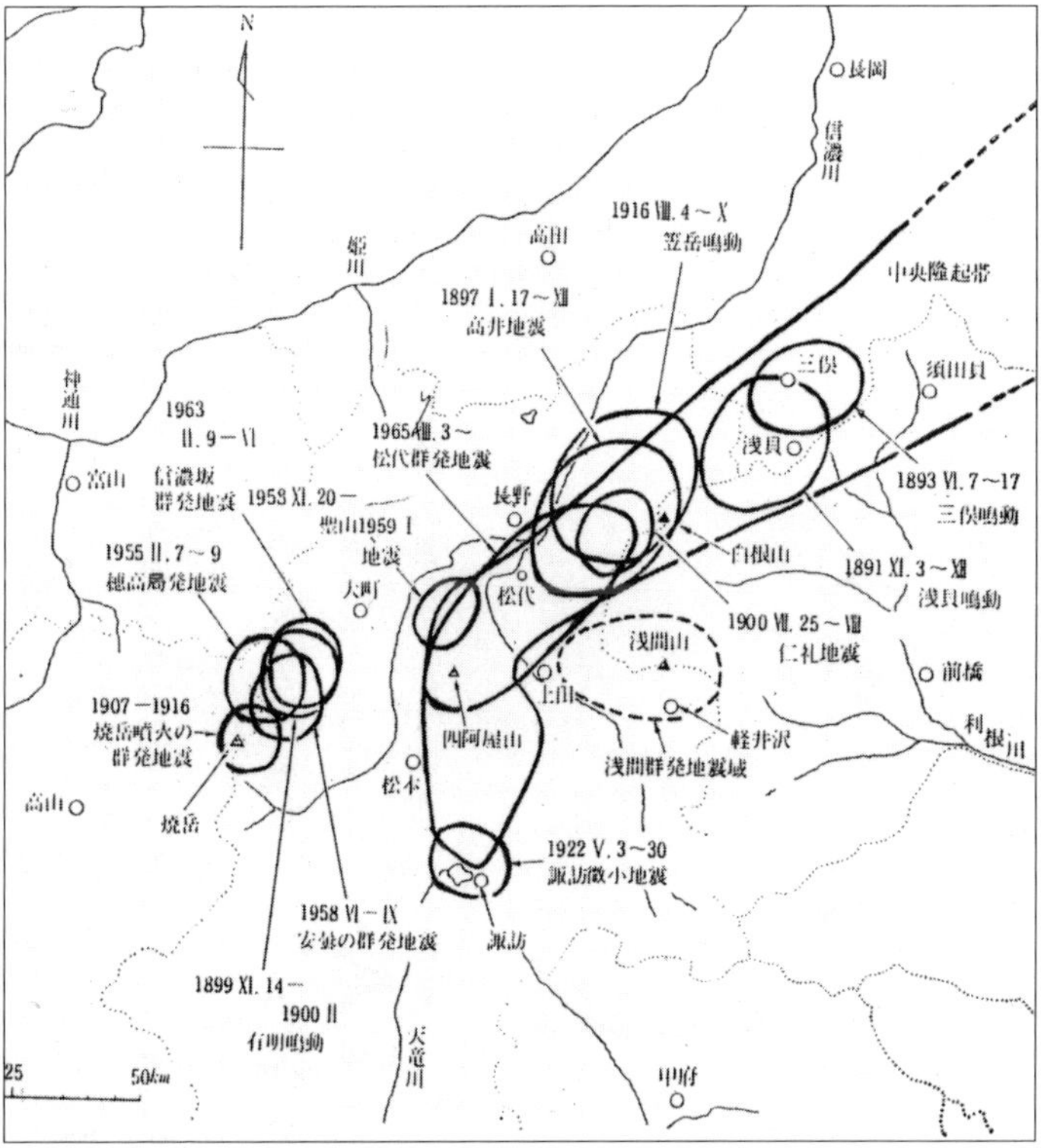
N
長岡
信濃川
1916 Ⅷ.4～Ⅹ
笠岳鳴動
高田
姫川
中央隆起帯
1897 Ⅰ.17～Ⅻ
高井地震
三俣
須田貝
神通川
1963
Ⅱ.9－Ⅵ
信濃坂
群発地震
1965 Ⅷ.3～
松代群発地震
浅貝
1893 Ⅵ.7～17
三俣鳴動
富山
1958 Ⅺ.20－
聖山1959 Ⅰ
地震
長野
白根山
1891 Ⅺ.3～Ⅻ
浅貝鳴動
1955 Ⅱ.7～9
穂高局発地震
大町
松代
1900 Ⅶ.25～Ⅷ
仁礼地震
浅間山
前橋
上田
1907－1916
焼岳噴火の
群発地震
四阿屋山
軽井沢
利根川
浅間群発地震域
松本
高山
焼岳
1922 Ⅴ.3～30
諏訪微小地震
1958 Ⅵ－Ⅸ
安曇の群発地震
諏訪
1899 Ⅺ.14－
1900 Ⅱ
有明鳴動
天竜川
25
50km
甲府

群発地震分布図

このことは、皆神山だけが原因ではないことを意味しているが、そもそも、地震発生の始まりが皆神山直下であっただけに、ミステリアスな印象を与えたのである。

なお、皆神山地下部が震源地であったときが、最も発生回数が多く、また、大きな震度の回数も多かったのである。

この地震の回数が普通の地震に比べて、発生回数が桁違いに多かったこと、そしてそれが松代付近に集中していた。当時、この付近では有感地震の発生回数が、６２３２４回、このうち震度Ⅳと、震度Ｖの地震が計59回発生している。

群発地震と発光現象

発光現象の特徴

松代群発地震のもう一つの特徴は、発光現象である。記録されただけでも、33例に上っており、写真撮影は10例（そのうち8例はカラー）もある。

地震の際に、空に光るものが見えたという話は昔から各地にあるが、松代地震のように、約一年半に亘って、この発光現象が見られ、幾つもの写真が撮影（栗林亨氏撮影）されているのは、これまでになかったことである。

これを、気象庁地磁気観測所が整理しているが、概略次のようになっている。

（1）発光現象は、冬期に多く、時刻的には午前四時と午後八時前後に多く、発光の継続時間は、数十秒程度で、最初、かなり急に明るくなり、徐々に暗くなる。

（2）最も明るかったものは、発光から約5キロメートル離れた地点で、照度1〜2

ルクスであった。
（3）発光は個々の地震とは対応しにくく、小さい地震が連続して発生しているときに多く見られた。
（4）発光個所は、震源地の位置に関係しないで、奇妙山一帯、地蔵峠一帯、大松山一帯の山頂付近に多く発生している。
（5）発光現象には、おおむね空電が伴っている。
（6）発光の色は、白、青白、赤、ピンク、だいだい、黄色などで、緑色はない。（宮崎県では緑色の例がある）光の強さは、かなり明るく、火事かと思ったり、昼間のように明るかったり、眼がおかしくなったのかと思うほどのものがあった。

また、光が移動したり、2〜3回光ったように見ている例もある。

光はいずれも山頂付近より低く、頭上の空が光ったのを見た人はいない。なお、地磁気の観測装置では、発光現象に対応する短時間の変化は認められないが、空中電位の測定器には、地震の際の電位変化が認められている（「松代群発地震記録」長野市教育委員会）。

以上が発光現象についての気象庁のまとめの概略である。

まず、この発光現象の発生時刻であるが、発光を観測できるのは、夜間に限られるので、仮に日中発光があっても、観測できなかったという可能性はあると思う。

だから、実際にはこれ以上の発光現象があったかも知れない。

この観測データの中で、興味深いものの一つは、発光時間である。数十秒から長いときは十分以上も発光しており、最初かなり急に明るくなり、徐々に暗くなるという現象である。

この現象について、はじめのうち、私は次のように考えてみた。

電磁気回路で、コンデンサ（蓄電器）に充電しておいて、放電をさせると、最初大量に電気が流れて、次第に電流が小さくなって行く。

この様子を目で見ようとするときには、この回路の出力端に電球をつないでおくと良い。すると、最初はコンデンサからの電気が大量に流れるので、急に明るく光り、電気の量が減ってゆくにつれて、次第に暗くなってゆくのがわかる。地震の際の発光現象によく似た現象である。

電球の場合、その回路に接続されているコンデンサの容量が大きければ、明るさも大きくなり、また、光の持続時間も長くなる。しかし、松代地震の時のように、数十秒も長く続く様にするには、余程コンデンサの容量が大きくないと無理である。仮に、電気と対応させて考えれば、山に蓄積された潜象エネルギーの容量が、非常に大きなものであったと考えられるのである。

松代地震の場合、発光の明るさや、発光時間がまちまちなのは、電気の場合のコンデンサに相当する自然界の「あるもの」が保つエネルギー容量が大きいか小さいかの違いがあったのであろう。

奇妙山一帯が保つエネルギー保有量と大松山一帯が保つエネルギーの保有量、あるいは地蔵峠一帯が保つエネルギーの保有量がそれぞれ異なっているのであろう。

ではその原因はいったい何なのであろうか？

最もオーソドックスな考え方をすれば、発光する山の付近で、何等かの原因で次第に静電位が高まり、それが限界に来たとき、放電の形で発光するのであろうということになる。ただし、一般的には、大地は常にゼロ電位であり、どのような形であれ、山に蓄電されるということにはならないのである。また、発光現象にはおおむね空電を伴っていたと記録されているが、雷との関連は今のところ見当たらない。

一般的にはこのようなことであろうが、このようなときには雲の中で電位が高まり、稲妻が発生するのが常である。しかし写真を見ると稲妻ではない。稲妻とははっきり区別できる光である。

松代地震の場合、これと大きく違っているのは、雲の中での発光ではないこと、発光持続時間が、数秒から数十秒あるいはそれ以上と長いこと、山頂付近とはいっても、山中であること、そして、何よりも稲妻と異なっているのは、白、青白、赤、橙、黄色と様々な色で光っていることである。

私はかつて、アメリカでデンバーからロッキー山脈に、夜間、車で登ったことがあるが、その途中で見た落雷・稲妻のすざましさは今でも良く覚えている。上空の雲から同時に、数十本の稲妻が地上にほとんど垂直に近い形で光ったのである。この現象が二三回続いたのでびっくりしたことがある。日本では見られない光景であった。この場合でも、稲妻であるから光るのはほんの数秒である。明るいのが長く続くことはなかった。

稲妻の場合は、強烈な光を発するが、瞬間的であり、数十秒も持続するということはないし、色々な色が見えることもない。このことが松代地震の際の発光現象と大きく異なるところである。

なお、地磁気の変化は、発光現象に対応する短時間の変化は認められていない。ただ、空中電位は、地震の際の電位変化が認められている。さらに、発光は個々の地震とは対応しにくく、小さい地震が連続しているときに多く見られたそうである。

これらのことから、気象学、電磁気学的な考え方だけでは、この現象の説明はできなかったようである。

潜象エネルギーの異常蓄積が原因か？

これについては、小さい地震の連続が発光現象の原因と考えてはいけないと思う。小さい地震の連続も、発光現象も、同時に発生した結果であって、これら両者の原因は別にあると考えた方がよい。潜象エネルギーの急激な、あるいは異常な蓄積があり、その極限のところで小さな地震が連続して発生し、同時に周辺の山々に蓄積された潜象エネルギーが限界に達して放出され、それが発光現象として観測されたということであろう。

この発光現象は、潜象物理的には興味深いものである。

第一に、発光した色は白、赤、ピンクありで、橙、黄色などの様々な色も観測されている。これまで私が視てきた潜象光のほとんどが現れているのである。それも私の場合と違って、肉眼で見えているし、写真もカラーで撮影されている。

前にも述べたように、顕象界の色の波長（例えば虹の七色）と、潜象界の色の波長とは、同じであることを考えれば、この発光現象は、何等かの理由で潜象界の発光が、そのまま顕象界の光の色として、現れたものと思えるのである。

つまり、潜象エネルギーの蓄積が限界に達し、潜象エネルギーの放散が始まり、しかもそれが潜象エネルギーとしてではなく、顕象エネルギーつまり可視光線として、発光したことになる。

この自然の仕組みは将来、潜象エネルギーを顕象エネルギーに変換する際の一つのパターンとして、重要な鍵になると思われる。

このとき、当然のことながら、波長は変化しないが、振動数（周波数）は顕象界の光の振動数まで低下していることになる。

特に、山頂付近に光が現れたということは、なおさらその感じを深くさせるのである。詳しい写真ではないが、この報告書に掲載されている写真には、山に発光があったことが良く判る。山の上空ではないのである。決して稲妻のように雲の中から、大地へ向かって光ったのではないことははっきりしている。稲妻を写真に撮ると、ジグザグに軌跡がはっきり写る。後で述べるが、ここの発光写真には稲妻のようなジグザグの軌跡はなく、山頂付近全体が光って写っているのである。発光している場所は、奇妙山一帯、地蔵峠一帯、大松山一帯の山頂付近に多く発生している。

そこで、皆神山とこれらの山との距離を測ってみたら、奇妙山までが2・9キロメートル、地蔵峠までが4・8キロメートル、大松山までが8・2キロメートルである。

もう一つ興味あることは、皆神山だけが発光場所ではないことである。

潜象界の波長の一つとして、4・5キロメートルをこれまで使ってきたが、これに対して、この場合対応しているのは、地蔵峠付近（1・06倍）のみである。大松山付近は1・83倍なので、多少の関連はあるが、奇妙山はあまり関連がない。

かつて、皆神山周辺が湖であった頃は、尼厳山、奇妙山、のろし山、象山などに囲まれた湖であったと思われる。だからこれらの山々と、皆神山とは密接な関連があったと思われるが、これまでの所、具体的なことは見いだせていない。

発光現象はこれとは別のもののようである。ただし、発光現象のあった山は、潜象エネルギーが蓄積しやすい山であろうと推測している。

そして、コンデンサーに静電気が充電されて、制限電位を超えると放電が始まるのに似ていて、潜象界のエネルギーもある値を超えると、蓄積された潜象エネルギーの放出が始まるのであろう。

宮城県宮崎町で現れた「潜象エネルギーの赤い山」（『神々の棲む山』たま出版）と似た現象である。

宮崎町には魔の三角地帯といわれているゾーンがある。ここでは地磁気の異　常変化があるそうであるが、自衛隊機がこの付近で墜落している。

この三角地帯の中に、突如出現した潜象エネルギーが集約されて、超高潜象　エネルギー場となった所である。この山はS氏が見つけられたのであるが、大明神山と禿岳方向からの潜象エネルギーが合成されて出来上がった潜象エネルギーがピークの状態のものである。潜象界の山であるから普通の人の肉眼では見えないが、潜象光の赤い色をしていた。

この山は海の三角波のように、ある条件下で、潜象エネルギーの合成されたときのみ出現するエネルギーの山である。あたかも肉眼で見える山のように、赤い潜象エネルギーが大きく盛り上がって山の形になった超高エネルギー場である。

潜象エネルギーがどういう条件下で、顕象エネルギーに転化するかは不明であるが、この場合は、潜象光が顕象光に移行したように見受けられる。では潜象界のエネルギーが特定の山で、顕象光として発光するほどに、高いエネルギーレベルに到達したのであろうか?

観測報告のまとめからみると、連続した微弱地震との関連が指摘されている。このことから、微弱地震の連続がその原因ということになるのであるが、よく考えてみるとそうではなくて、微弱地震そのものよりも、微弱地震を引き起こしてるエネルギーがその原因ではなかろうかと思えるのである。

どうして、皆神山を震源とした松代群発地震のときに、このような発光現象が現れたのであろうか。私には、山が白、橙、黄色等の色を発光し、誰かこの謎を解いてみないかと、問いかけているように思えた。

発光する色の違いは、山の持つ固有の波長（その山に蓄積される潜象エネルギーの波長のもの）を示しているのであろうと思えたのである。

ところで、発光場所と皆神山との関係であるが、前に述べたようにこれまでの理論では解明できにくいところがある。発光が小さな地震の連続していたときに多く見られたということは、皆神山の地震と密接に関連しているといえる。

この松代群発地震は、数年間に亘って発生したのであるが、はじめは皆神山を中心とした一帯が震源地であり、この頃が震度の大きい地震も多く、また発光現象も観測されている。それから次第に震源地が移動している。その範囲は長径約五十キロメートル、短径約三十五キロメートルの広い範囲になっている。

赤坂の国会図書館で、松代群発地震記録（長野市教育委員会）を読んで、一番気にかかった発光現象の詳しい内容を調べるために長野市へ出掛けた。

最初に長野市教育委員会（事務局）を訪ねた。最近はどこの地方自治体でも、遺跡等の所管は教育委員会事務局ではなくて、生涯学習課に変わっている。長野市でも同じであった。ここで松代群発地震の話をしたら、長野市と松代町とが合併した際、松代地震関係のものは、総務部防災課に移管したとのことであった。

それで、別棟になっている防災課を訪ね、発光現象などについての記録のことを訊ねてみた。応対に出ていただいたのは、係長の小林達美氏であった。

数種類の関連資料の中の、「松代群発地震記録写真集」（松代群発地震記録刊行会）、気象庁技術報告書第62号・松代群発地震調査報告書に、発光現象観察記録として、六枚の写真入りの報告がなされていた。

同氏は松代地震センターにも資料があるので、そこを訪ねてはどうかとアドバイスをしてくださった。

ちょうど昼になったので、長野市の真中にある犀北館へ出掛けた。長野に来たときは、大抵ここを利用している。

食事が終わったが、一時には未だ少し余裕があったので、隣のティールームでコーヒーを飲みながら、市役所でコピーした報告書の一部を読み返してみた。

この資料の中心になっている栗林亨氏の観察文はかなり具体的に書かれており、非常に興味深かった。

一時を回ったところで、松代地震センターへ電話してみた。あいにく市役所で紹介された春原さんは不在であったが、応対に出た女性の方が私の訪問の趣旨を聞いて、資料を準備して頂けるとのことであったので、松代町へ出掛けた。

松代地震センターは松代地震観測所の奥の方の建物であった。ここは見学の人が良く来るようで、見学者用の展示、説明などもなされてあった。

地震観測所だけあって、非常に静かな場所で、人為的な振動を極力排除するような配慮がなされている。

建物の中に入り案内を乞うと、女性職員が現れ、資料は用意してありますと、一室に案内された。伊藤さんというこの女性は物静かな方であったが、部屋の中には多くの資料がきちんと準備されてあった。室長は出張中で、お目にかかれなかったが、電話で伝えた発光現象に関わる資料、および二千メートルのボーリング資料がきちんと揃えてあった。待ち時間なしで資料を調べることができ、とても有難かった。

この後再度、同センターを訪れたときは、春原さんもおられ、快く応対して頂いた。

これらの資料のうち、「地震に伴う発光現象に関する調査報告書（第1報）」（安井豊著）には、一九六一年の日向灘大地震に伴った発光現象、一九四一年の南海道大地震に伴った発光現象の例も記されているが、この報告書は松代群発地震に伴って発生した発光現象が主体であることはいうまでもない。

これまでも、地震に伴う発光現象は世界各地で報告されているが、今回の松代群発地震で脚光を浴びたのは、二つの理由がある。

一つは観測された発光現象例が33件もあることと、もう一つは発光現象の写真である。この写真は過去に例がなく、今回が初めてである。しかもその中の数枚はカラー写真である。カラー写真であるので、単に発光の色が判るだけでなく、微妙な色合いまで識別できるのである。

この写真を撮影された方は、松代町に住んでおられた栗林亨氏で、歯科医の方である。この写真のおかげで、従来は発光現象そのものが何かの誤認ではないかと、学会でなかなか信じて貰えなかったものが、地震に発光現象が伴うものであるという認識を確定させることができたようである。

この報告書の中には、写真の他に観測者によるスケッチも数例収録されている。この報告書には現象報告のみが収録されており、発光理論については翌年の第2部にて述べたいとなっていた。

私がここでもっとも嬉しかったのは、安井豊氏の報告書に引用されている栗林亨氏の写真集と発光現象を見、撮影したときのナマの記述であった。同氏は歯科医師であると同時に高い技術を持ったアマチュア写真家であった。

だから撮影データがきちんと整理されており、同一発光現象も、露出時間を変えて何枚も撮影して、それを記録してあるのが貴重なのである。

発光現象撮影の記述は、撮影の状況を克明に述べてあるので、非常にインパクトの強い記録となっていた。このような方が松代町に住んでおられたことを、私は神に感謝した。

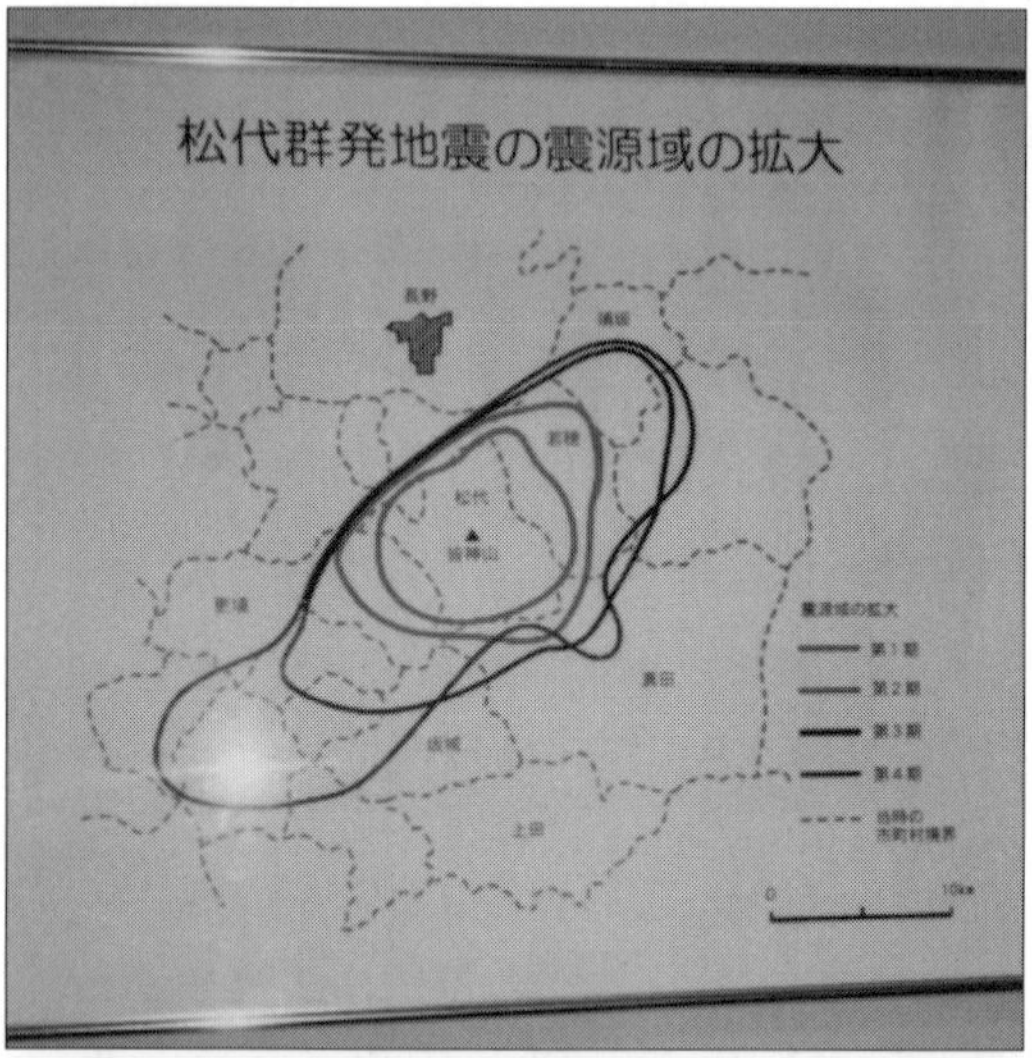

上：館内掲示「松代群発地震の震源域の拡大」
下：松代地震センター外観

長野市周辺

長野といえば善光寺であるが、市内のホテルの犀北館は良いホテルである。ここは応対も良く、気持ちの良いホテルであり、日本食はいつでも美味しく頂ける。市の中心部にあり、何かにつけて便利なこともある。

皆神山の見える松代グランドホテルはゆったりした部屋で、洋食が美味しい。

近くの小布施（中野市）は、長野オリンピック時、昔風の趣のある街並みを再現してあり、雰囲気が良く、ぶらり歩きが楽しめる。ここには葛飾北斎の肉筆画等を集めた北斎館がある。また栗羊羹で有名な小布施堂がある。（Tel・026　247　2027）ここのは丁寧に作られていて、品の良い味である。東京都内のデパートにも出店している。

この小布施には、もう一つの栗菓子の老舗竹風堂があるが、松代町にもあるここの松代店竹風堂も、ゆったりした店構えで、ほんのり甘い栗おこわを食べさせてくれる。「山家膳」がお奨めである。（Tel・026　278　1711）

潜象波長による皆神山周辺の検証

皆神山は、標高六百四十二メートルと千メートルにも満たない山であるが、どうして強い光を放っているのであろうか。皆神山の周辺にある尼厳山にしても、奇妙山にしても皆神山よりも高い山であるが、皆神山の潜象光の方がずっと強いのである。尼厳山は逆に皆神山からの潜象光を受けているようなのである。

この皆神山を調査するに当たって、周辺の神社や、山との関係を調べ直してみた。まず、皆神山神社と周辺神社との距離である。使用した地図は二万五千分の一の地図である。

皆神山　〜　玉依比売神社　3 km　A
　　　　〜　白鳥神社　3 km　B
　　　　〜　南の社　2・6 km　C

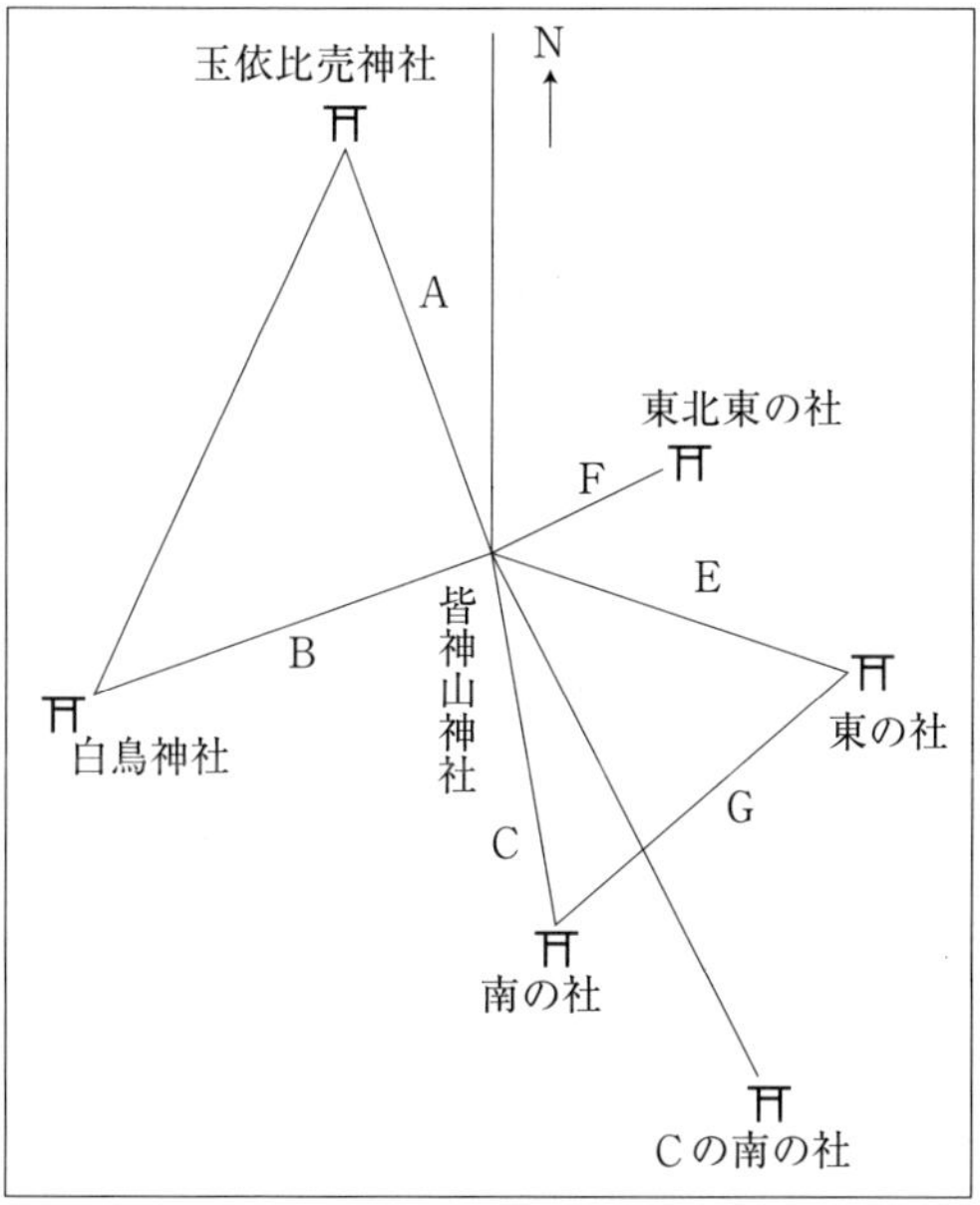

皆神山神社と周辺の神社の位置関係

～Cの南の社　4・2km　D
～東の社　2・7km　E
～東北東の社　1・4km　F
南の社～東の社　2・7km　G

以上のような結果となった。これから、AとBとは、皆神山を頂点とする二等辺三角形になっていることが判った。

また、EとGは皆神山と併せて、ほぼ正三角形を構成している。

また、皆神山をとりまく周辺の山々との距離は次のようになっている。

皆神山	〜尼巌山（780m）	4・45km	0・99
	〜象山（475m）	4・85km	1・08
	〜奇妙山（1099m）	5・125km	1・14
	〜H（866km）	4・425km	0・98
	〜P（1089m）	8・1km	1・8
	〜のろし山（843m）	3・5km	0・78
	〜L（936m）	8・9km	1・98
	〜N（695m）	9・1km	2・02

以上は、皆神山からの距離が4・5kmの倍数に近い距離にある山である。表の一番下の数字は、4・5kmの何倍になっているかを示している。

また、アルファベットは、地図上名前が記載されていなかったので、便宜上、私が附した記号である。

この結果から、尼巌山が皆神山と潜象エネルギー的に4・5kmの距離を保っているこ

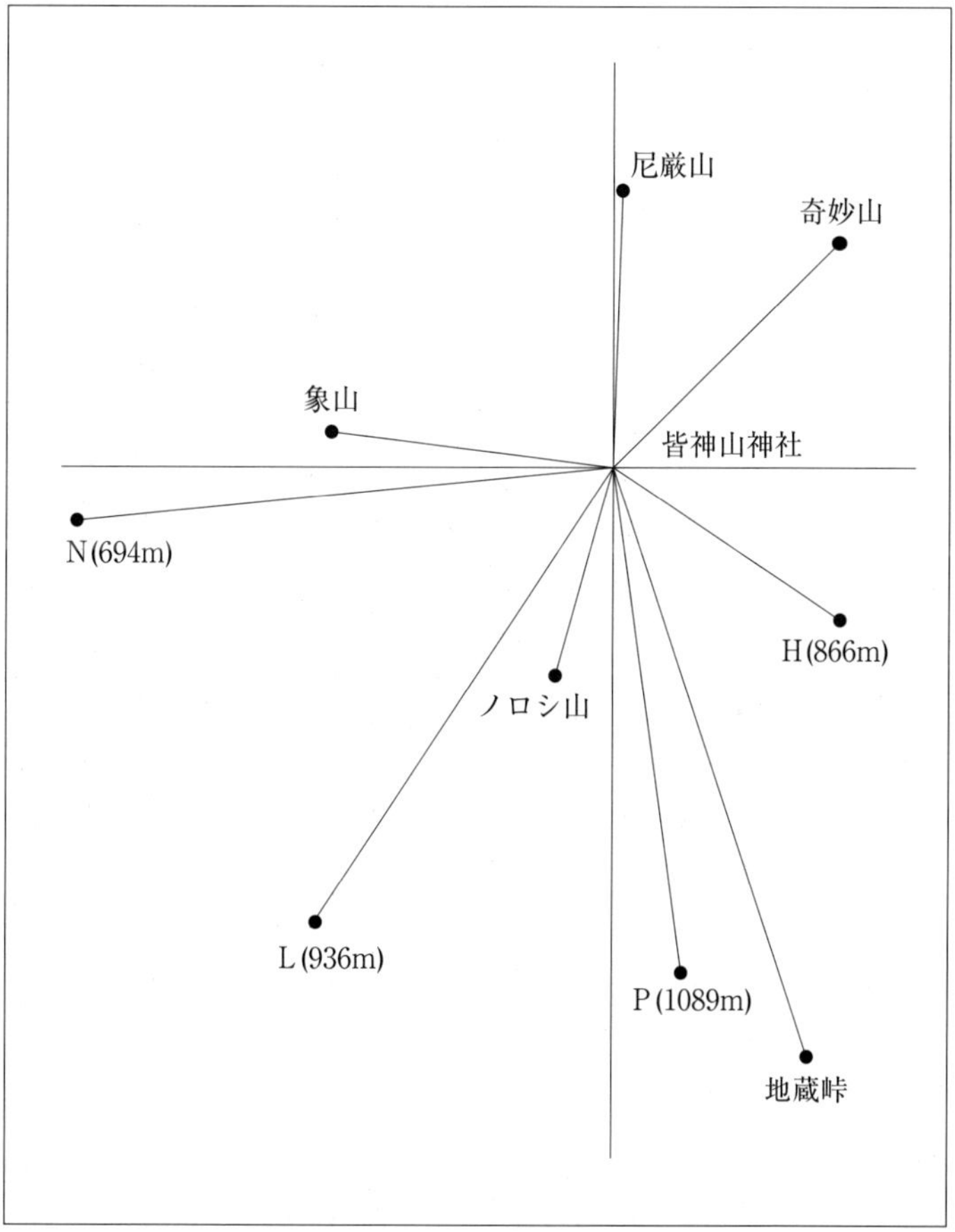

皆神山周辺の山々（再掲）

とが判った。この隣の奇妙山は、標高は尼厳山の780メートルに対して、1099メートルと大分高いが、潜象エネルギー的には尼厳山に及ばない。

このことは、玉依比売神社のすぐ下の所で視た潜象光の強さと一致する。尼厳山の方が潜象光は強いのである。

深田久弥氏の『日本百名山』にある雨飾山と皆神山とは、興味ある関係があることが判った。地図上で、雨飾山と皆神山とを結ぶ直線上に戸隠山が介在していた。そして、雨飾山と皆神山との距離は、45・5キロメートルであった。4・5キロメートルの約10倍である。松代にある尼厳山は、方向的にはほんの少しずれており、距離的にも皆神山よりも二キロメートル程短い。しかし前に述べたように、昔から何か関連ありということで、同名にしたのであろう。雨飾山とは大分離れており、目視できる距離ではない。

なお、後で出てくる発光現象を撮影した栗林氏の記述の中には、尼厳山を雨飾山という字を使ってある。尼厳山の隣にある奇妙山の方が、雨飾山との距離が44・75キロメートルで、4・5キロメートルの約十倍になっている。こちらの方が潜象エネルギー的には関連がより深い。にもかかわらず、尼厳山の潜象光が奇妙山よりも強いのは、尼厳山の方が皆神山からの距離がちょうど4・5キロメートルと1波長分であり、皆神山からより強い潜象光を受けているからである。

皆神山頂上にある神社では、潜象光が黄色の円形になって視えたが、その訳を飛騨の日輪神社と同じように調べてみた。

岐阜県丹生川村大字大谷にある日輪神社では、道路脇の鳥居のところで、社殿の方に向かって立ち眼を閉じると、輪郭が少しぼやけてた中味の詰まった黄色い円が視える。日輪神社という名前の由来が自ずと判る潜象光が視えるのである。

この訳は、乗鞍岳の一つ、里見岳の潜象光がこの神社へ届いているが、それと同時に立山の西に位置している駒ヶ岳のものも同じくこの神社に届いており、この二つは互いに直交した光である。

もう一つは、白山の大汝峰からの潜象光と、横岳からの潜象光が届いている。

こういう波動の組み合わせは、波の大きさが同じで、かつ、波がずれていないときには、合成されて円を描く。この物理的法則が、潜象光の場合にも当てはまっているのであろう。

皆神山と雨飾山との距離が４・５キロメートルのほぼ十倍なので、潜象光の最大値が到達する距離である。この二つの山を結ぶ線と直交する線上にある山は、前穂高岳であり、皆神山までは58・７５キロメートルである。これは４・５キロメートルの13・０６倍である。ほぼ最大値に近い潜象光が到達する距離である。両山とも、申し分のない組み合わせである。

この組み合わせに、さらに次の山々が加わっている。前穂高岳・皆神山の延長線上、前穂高岳のちょうど反対側に、奈良山と笠ヶ岳があり、共に最大値に近い潜象光が届く位置関係になっている。

皆神山で視た円形の潜象光が、日輪神社で視たものよりも、鮮明でずっと明るかったのはこのためであろう。

この他、潜象エネルギー的には、皆神山の東南にある山Ｈ（８６６ｍ）の４・５㎞の０・９８倍と、南西の方にある山Ｌ（９３６ｍ）の１・９８倍、および西の方にある山Ｎ（６９６ｍ）の２・０２倍が、非常に関連が深い。

奇妙山は４・５㎞の１・１４倍と若干ずれているが、それでも潜象光が約八割程度は届いており、関連があると考えて良いであろう。

このレベルでは、西の方にある山O（682m）の2・14倍、南の方の山P（1089m）の1・8倍がある。

なお、山H（866m）は、皆神山を中心として、尼厳山とは120度の方向にあることが判った。それで、もう一つの120度の方向にある山を探したら、白鳥神社の近くにある山R（559m）が対応していた。さらにその延長上には、山Q（641m）があった。

しかしこの両山までの距離は、それぞれ5・8kmと、16・4kmで4・5kmの倍数にはなっていなかった。

このように、皆神山の周辺には、潜象エネルギー的に深い関わりを持っていると思われる神社や、山が多くあることが判った。

奥三河の山と花沢の里

崖下から噴き出す黄色い光

塩田平の夫神山、女神山、独鈷山、大明神岳、富士嶽などの間には正三角形や、二等辺三角形を形作っていることを述べたが、似たような山が三河にもある。いずれこれらの山の調査をやることになろうが、このことを発見する引き金になったのは、奥三河の旅であった。

以前、T氏と砥鹿神社を調査したとき、悪天候のため、途中で打ち切ってそのままになっていた本宮山付近の調査をやっておきたかったからである。

S氏に相談すると、行けるとのことだったので、豊橋で合流することにした。

この日も前回と同じく、天候は良くなかったが、視界がまったく利かないというほどでもなく、霧雨模様であったが、何とか調査は可能と判断し、豊橋駅を出発した。

まず、三河の国一宮砥鹿神社へ行き、前回と同じように同じ場所で、潜象光を視てみた。結果は前回よりもやや明るさが足りなかった。このときは、潜象エネルギーの強さが少し弱まっていたようである。

それから、本宮山へ登ることにした。山頂まで車で登ることができるので、調査には便利である。山頂付近はそう大きな高低差はないものの、二つのピークとその間の鞍部とからなっていた。一つのピークにはパラボラアンテナ等が沢山立っており、自然の潜象エネルギーを視るのには、あまり好ましい状態ではなかったが、ある程度のものは感じることができた。アンテナの影響がどの程度あるのか判らないので、この場所でのことは書かないことにする。

もう一つのピークの方に、本宮山の奥宮があった。この場所は木立が深く、鬱蒼としており、潜象光を視ると、やや暗めに視えるところであった。残念に思いながら、鞍部の所にある駐車場の方へ戻ることにした。その途中、岩戸神社への道の標識があったので、百メートルほど降りてみたが、途中で標識がなくなり、三方の道のどちらへ行けばよいのか判らなくなったので、岩戸神社へ行くのをあきらめ、駐車場へ戻った。

駐車場の所に銅像が立っており、その少し向こう側に赤い鳥居が見えた。S氏は「あの鳥居は何だ。一体どちらを向いて立っているのだろう」といいながらも、銅像の方に興味を示していた。

私は何となく鳥居の方に興味を覚え、側へ行ってみたら、岩戸神社の鳥居であった。どうも、岩戸神社へはこの鳥居をくぐって下の方へ降りてゆくのが参道のようであった。しかし、雨が止みそうにもなかったし、先程の様子から、相当下らないと岩戸神社にはたどり着けないと思い、降りてゆくことは断念した。

そして、鳥居の所で潜象光を視ることにした。目を閉じると、強いエネルギーを感じたのである。

鳥居のすぐ側に立ち、崖下の方を向いたら、下の方から黄色い光が噴き出してきたのである。出羽の湯殿山の噴出と比較できるほどの強い光ではないものの、潜象光が放射状に下から噴き出してきたのである。

それで、ああ、このエネルギーは岩戸神社からのものだと納得した。もう一つは、宮城県宮崎町の宝森で視たようなほぼ円形の空洞が浮かび上がってきた。規模は宝森のものよりも二周りほど小さいものであった。

一応、ここでの調査に満足して、車の方へ戻ろうとしたら、S氏から銅像の碑文を読んでみたらといわれた。

そこには、昔、都から公卿が鳳来寺山に住む仙人を尋ねてきたが、道に迷い、ここへたどり着いたとのことである。そうしたら、童子が出てきて、鳳来寺山は向こうの方だと教えてくれたので、そのことを銅像にしたのだそうである。

公卿はそれに従って、鳳来寺山へ行き、仙人に文武天皇の病をなおして貰うよう頼み、仙人はそれに応じ、鳳凰に乗って都へ飛んでゆき、天皇の病を癒したと書いてあった。

この物語は、謡曲「鳳来寺」になっており、寺は大宝三年（七〇三）文武天皇の勅願により、利修仙人が開創されたとある。本尊は薬師如来である。

なお、平成十五年が鳳来寺開山千三百年に当たるとのことである。

奇妙なことに、S氏はこの旅の前に、部屋の中を整理していて、以前、父君が買っておられたという古い奥三河に関する本を偶然見つけ、何かの役に立つと思い、持参しておられたのである。

その本の中にも、この銅像の話と同じことが書かれてあった。何ともできすぎた話のようであるが、私たちの旅の中では、このようなことはよく起こることである。今回もその一つである。

元々、私は今回の調査は前回の補足の意味でしか捉えていなかったのであるが、旅が進むにつれて、思ってもいなかった色々なことが起きてきた。

鳳来寺山　堂宇に流出する紫色の光

本宮山へ行く途中で、S氏に鳳来寺山へは行かないのかと聞かれたが、そこまでは予定していないと私は返事をしていた。しかし、この碑文を読んでから、鳳来寺山へも行ってみたくなり、出掛けることにした。

急いで本宮山を降り、途中遅い昼食を摂り、鳳来寺山へ向かった。この辺はそう高いところではないが、鳳来寺山の方へ進むにつれて、道の両脇に山が迫ってきて、まるで山峡のような趣を呈してきた。この日は雨模様で霧が立ちこめていたので、よけいその感じが強くなっていた。

鳳来寺山へは、参道の手前の所に車を止めて、石段を登るのが普通であるが、そこからではなく、隣にある東照宮の方へ車で登り、そこから鳳来寺の方へ歩いて行った。こちらの方からだと、少し歩くことにはなるが、急な石段ではなくて、ほぼ平らなところを歩いて、鳳来寺山へ行けるのである。

途中、霧の中に浮かび上がっていた一本の松の形が、一幅の墨絵を見るようで、何とも見事なものであったのが印象に残った。鳳来寺は火災にあって、再建されたそうであるが、新しいお堂は山肌に近いところに建立されていた。雨のせいもあって、薄暗く、潜象光を視るにはあまり適していなかった。寧ろ、お堂の前の護摩壇の跡を枠で囲ってあり、この中で視た潜象光が最も明るかった。

この寺には種田山頭火が昭和十四年四月に訪れており、幾つかの句が詠まれている。

春雨石仏みんな濡れたまう
霧雨のお山は濡れてのぼる
山霧のふかくも苔の花

等の句があるが、ここは雨の日がよく似合うといった感じの場所であった。今回、私たちが訪れたような雨の日が、ここには一番似つかわしいようである。

こんな日は、一面に霧が立ちこめており、深山幽谷の中の一寺という風情を醸し出しているからなのであろう。幸いにも私達は、山頭火の句にふさわしい日にこの寺を訪れたのである。

実は私がここを訪れた際、「ここ（この寺）には雨の日がよく似合う」と、山頭火が詠んでいたという歌碑があったという風に記憶していたのであるが、念のため、寺に問い合わせてみたら、貫主さんからの返事はそのような句はないとのことであった。確かに送付いただいた山頭火がここで読んだ句集の中には、このような句は見当たらなかった。このとき、山頭火の霊を視たわけではなかったので、なぜ、私がこのような句を覚えていたのか不思議であった。

翌日、焼津の花沢の里に向かった。前日に引き比べ、快晴で暑いくらいであった。この花沢の里は、宿で見たパンフレットに惹かれての訪問であった。名前が示すとおり、心が和むような山間の里であった。

桜の盛りはほんの少し過ぎたところであったが、紅しだれ桜はちょうど見頃であった。この里の寺の一つに、千手観音を祀った堂宇があった。私たちが桜を愛でている間に、土地の人が十人ほど集まって、般若心経や観音経を唱えはじめた。皆さんが帰った後、堂宇に行き、何気なく目を閉じたとき、思わぬことが起きた。

この堂宇の中に潜象エネルギーが湧いてきたのである。強いエネルギーというわけではないが、全体的に淡くオレンジ色が漂い、そこにゆったりと下の方から視界の三分の一から、二分の一ぐらいの所まで、紫色が現れたのである。それは美しい紫色であり、鮮やかな濃い紫色であった。いつか、宮崎町の大森山で視たピンクかかった紫色とも違っており、かつ濃い色なのである。下の方からふわふわと上がってくる感じで、どこかへ流れてゆくようなことはなかった。

観世音菩薩は紫雲に乗って来られるという話が仏教の中にあるが、それを想像させるような紫色の光であった。

このことをS氏に話すと、同氏は先程のお経の影響ではないかといわれた。出羽の羽黒山の祝詞の印象からいえば、羽黒山では、祝詞が終われば潜象光は消えてしまったことから、この紫色はお経の影響であろうが、それだけではなかったように思えた。

この後、この里を取り巻いている山（そう大きな山はない）の潜象光を視てみた。二ヶ所ほど通常の赤や黄色の潜象光は視えたが、お堂で視えた紫色はどこにもなかった。

不思議なことがまた一つ増えた思いであった。全然予定していなかった山里での出来事である。

中部の山々には、前に述べたように、霊山といわれている山が多く、昔から信仰の対象となっている。富士山を筆頭に、立山、白山、御嶽山、乗鞍岳、穂高岳等々である。

さらに、戸隠山、八ヶ岳、浅間山など、中部地方には霊山が集中している。そしてこれらの山々の多くから、皆神山へ潜象エネルギーを送り込んでいるのである。

そこで、これらの山々が放っている潜象光を調べて歩いた。

まずは静岡県と山梨県の県境にある富士山である。

富士山と浅間神社

信仰のメッカ

富士山は古来より我が国の代表的な山である。それは標高が日本で最も高い山というだけでなく、その姿の美しさ、雄大さも併せ持った山だからである。

外国から日本へ戻ったとき、飛行機の上から夕日に映える富士山が見えたら、「ああ、日本に戻ってきた」と、実感するのである。日本人にとって、富士山は心の拠りどころになっている山である。日本の各地に何々富士と呼称される山が、幾つもあるのもそれを表している。

このような外観的な美しさとは別に、霊峰富士は山岳信仰のメッカでもある。古くから、何々富士講と呼ばれる富士登山のための講（人々の集まり）が全国的に広がっており、白衣を来て六根清浄と唱えながら登山する人も後を絶たない。最近では登山者が多すぎて、登山道に行列ができるのも珍しくないという話を聞く。五合目まで、各方面から車で行けるように道路ができているのも、これに拍車を掛けている。

最初の富士登山は、平安時代の役行者《えんのぎょうじゃ》に遡るともいわれており、万葉集にも富士を讃えた歌が残されている。

このように、日本一高い山であり、最もポピュラーな山であるにも係わらず、誰しもが好きな山である。富士山の絵を描く人は、何度描いても描く度に新しい発見があるといわれるし、写真家にとっても同じである。何十年と富士山を撮り続けている人も多い。富士山をテーマにした写真展を見にゆくと、良くこんなにまったく違った写真が撮れていると、感心してしまう。一つとして同じ写真はないのに、それぞれ富士山の美しい姿を捉えているのである。

今回は、富士山の周りをぐるりと取り巻いている浅間神社に焦点を合わせて、富士山との関わりを調べてみた。富士山を本宮とする浅間神社は、『神社辞典』(東京堂出版)によると、「アサマジンジャ」が本来の呼称であるが、音読みして「センゲンジンジャ」と呼ぶ場合が多くなってきているとある。

祭神は木花開耶比咋命《このはなさくやひめのみこと》である。「アサマ」の称は、長野県の浅間山や、伊勢の朝熊山など、神威の高い霊山の一般的な呼称であったものが、その代表である富士山に限って使用されるようになったと記してある。

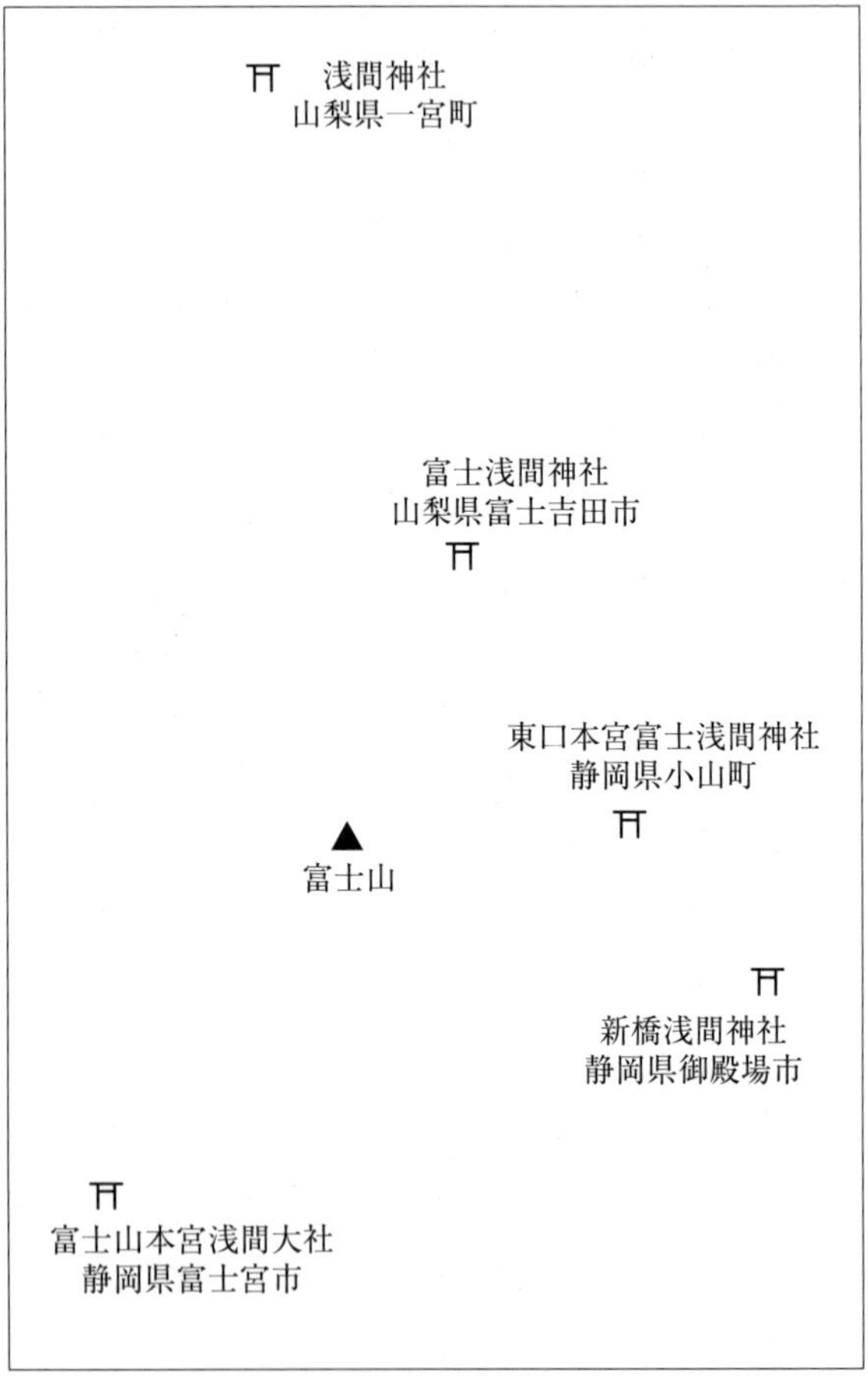

富士山と周辺の神社の位置関係

一宮町の浅間《あさま》神社《じんじゃ》で龍を視る

山梨県東八代郡一宮町に鎮座するこの神社は、元々ここから2キロメートルほど離れている山宮神社（現在摂社）の所にあったのが、貞観年間にこの地に移され、甲斐国一宮となっている。延喜式では明神大社となり、明治四年には国幣中社に列せられている。電車なら、中央自動車道勝沼インターでおり、一宮町役場の近くである。電車ならＪＲ中央本線石和《いさわ》温泉駅下車、約5キロメートルの所にある。

この八代郡一宮付近は、春ともなると一面の桃の花ざかりに、所々梨の花などが混ざり、年によっては桃源郷そのものの景色を見せてくれることで有名な所で、車で高速道を走っていても、その美しい景色を眺めることができる（ただし、同乗者のみ）。

富士山の北方、31・95キロメートルのところにあり、これは4・5キロメートルの約7・1倍に当たる。方位的には、真北より幾分西に寄っているが、ほぼ真北に近い。従って、ここから視ると、ほぼ真南の方向に富士山があるが、この神社の社殿は富士山に正対するのではなくて、敷地の一番西側に社殿があり、東の方を向いて建てられている。興味深いのは、この敷地内の参道が十字型に作られている。一つは東の方から社殿に向かっているが、この道に直交して、南北の方向にも参道が作られている。

社殿を背にして、潜象光の状態を視てみると、20度、70～72度、90～１０８度と、各方向に潜象光が視えた。その色は黄色とオレンジ色で、これに時折薄い赤紫色が加わった。しばらく視ていると、視界全体の色が薄くなり、白っぽくなってきた。すると大きくはないが、龍の腹みたいに横筋の入った幅のある曲線が幾つも見えた。この曲線は上下にうねるように動いており、顔に当たる部分は黄色く光っていた。ここには龍が棲んでいるようである。

次に社殿の方に向かって立つと、一面に赤オレンジ色が現れ、立ちあがる潜象光も同じ色で強い光だった。この後、体を一回転させると、磁石で、３４０度、３３０度、２５２度、１９０〜１８５度（富士山の方向）、40度などの方向にも、強い潜象光が視えた。

次に境内の北側の鳥居の所で視ると、視界の両側からのエネルギーが山形から中央部でちょうど落ち込むような形になって視えた。もう一つは上方に綺麗な緑色が視え、その両脇と下方は赤紫色とオレンジ色であった。緑色の部分は円形ではなく、凹凸のある変わった形をしていた。

ここから２９０度の方向に赤オレンジ色、赤紫色、黄色が混じった潜象光が視えた。この他、２３０度、２１０度、３３０度の方向にも立ちあがる潜象光が視えた。

この場所では南北方向に潜象エネルギーの流があるようである。東の方向だけでなく、南北の方向にもわざわざ石畳を敷き、通路を作り、それぞれの入り口に鳥居を置いたのは、このような理由によるものなのであろう。

南側の通路のところで境内の方を向いたら、全体に綺麗な明るい黄色とオレンジ色の潜象光が視えた。また社殿の後ろに回ってみると、120度の方向に紫色の光が視えた。

後で地図で確かめたら、この神社の北側には、甲武信岳、乾徳山があり、やや西の方には金峰山、瑞牆山《みずかきやま》がある。東北の方向には中里介山の小説『大菩薩峠』で有名な大菩薩嶺や、御岳山がある。東南の方向には富士山の展望台で有名な三つ峠山がある。南の方向にはもちろん富士山がある。

南西の方向には身延山、七面山があり、さらにその先には、南アルプスの連山が聳えている。南アルプスは北西から西南西の方向にあるが、北岳、鳳凰山、甲斐駒ヶ岳が西から西北にかけて連なっている。このように、この神社は各方向の大きな山の潜象光が集まっている場所にある

北口本宮・富士浅間神社　強力な潜象光は元の本殿の所在を暗示？
（山梨県富士吉田市上吉田）


甲斐一宮から、新御坂トンネルを経て河口湖の方へ向かった。昔は御坂峠越えで曲がりくねった道を登るのが大変であったと、S氏はいっておられた。今はこの曲折の多い峠越えではなく、トンネルを通れるので、随分早く楽に行けるようになっている。

天気が良くて、富士山が顔を出していてくれれば、河口湖越しの富士山を視たいと思

っていたが、生憎中腹から上の方は雲に覆われていたので、そのまま上吉田の富士浅間神社に向かった。

吉田口登山道の入り口にある神社で、祭神は木花咲耶姫、天孫彦火瓊瓊杵尊《ひこほのににぎのみこと》、大山祇神《おおやまずみのかみ》である。富士山からの距離は13・5キロメートルで、4・5キロメートルの3倍に当たる場所にある。

この神社は、大木に囲まれた神社であり、参道の両脇の杉木立も見事であるが、境内には見事な巨木がある。樹齢千年といわれる「富士太郎杉」「富士次郎杉」「富士夫婦檜」である。さすがに幹の根元のあたりは保護板で囲ってあるが、見事な樹木である。

社殿に向かって立つと、屋根の下なので幾分暗いがここでは上から降ってくる潜象光が視えた。２３０度前後の方向である。地図上で補正をすると、幾分富士山頂の西側に振れるが、ほぼ富士山頂の方向と考えて良い。この場所自体が富士山の裾野なので方向には幅がでてくる。

この拝殿から少し下がって、神楽殿の手前の少し平になっているところで視ると、漂う潜象光は黄色とオレンジ色の縞模様になっていた。ピンク系紫色も広がって視えていた。立ちあがる潜象光も、同じ色であった。

この他、２９３度、２７０度、３１０度、80度、１３０度、２５０度の方向にもそれぞれ立ちあがる潜象光が視えた。

この本殿の両脇には小さな社が造られているが、その一つ、東宮という社は武田信玄公が再建されたとあるが、この場所では非常に強い赤オレンジ色の立ちあがるのと、紫色の潜象光が視えた。本殿のところで視えた上から降ってくる光はここでも視えていた。

この場所が、この境内では最も強い光が視えた。元々はこの位置が本殿のあったところらしく、潜象光が強いわけである。なお、本殿の後ろ側には、恵比寿社があり、恵比寿神（事代主神）と大黒神（大国主命）が祀ってある。この二つの像は左甚五郎作で、「迎え恵比寿」というそうである。なお、西宮の所でも赤オレンジ色の光が視えていた。

この神社では、八月二十六、二十七日に行われる「吉田の火祭り」が有名である。

ここへ行くには、ＪＲ中央本線大月駅で、富士急行へ乗り換え、終点の富士吉田駅下車となる。ここから河口湖へは、乗り換えて、二駅である。火祭りが行われるのは、駅からすぐの道筋であるが、神社は、約２キロほど先である。

鳴沢道の駅　乱舞する龍

富士吉田の浅間神社から、静岡県富士宮市へ向かう途中、鳴沢村の道の駅に立ち寄った。河口湖では、取り止めたが、富士山そのものの潜象光を視る場所にここを選んだ。

N35度28分29秒、E１３８度41分43秒、H＝１０００mのところである。

五合目から上は雲に隠れていたが潜象光には関係ないので、山に向かい眼を閉じた。さすがに眼前一杯に明るく強いオレンジ色の光が視えた。立ちあがる潜象光も同じく強い光で、濃い赤オレンジ色の光である。その中には渦も含まれていた。またほのかに淡いピンク系紫色も視えていた。この場所でも、上から降ってくる光が視えた。山頂が近いので、光に幅があり、方向にも幅ができていた。１６５度近辺になる。

しばらく見ている内に視界が淡い黄色に変わり、ここでも龍の姿らしいのが、まるで乱舞しているように、幾つも色々な曲線を描いているのが視えた。

この場所からは２２５度の方向にも、強い光が視えた。目視ではこの方向に小さな山があるが、その先の方から来ている光のように思えた。地図上で見ると、この方向には、身延山地七面山や山伏岳よりやや南部に当たる。この他、磁石で２６０度近辺は七面山方向であり、３００度方向は乗鞍岳の方向である。30度の方向は大菩薩嶺、60度方向は御岳山があり、それぞれ立ちあがる潜象光が視えた。

この後、県道71号線を南下して行くと、少し山側に入ったところに、富士ヶ嶺高原グリーン倶楽部がある。ここに立ち寄ったのは、別にゴルフをするのではなく、乗鞍岳や御嶽山と富士山とを結ぶライン上に近い場所だったからである。

Ｎ35度25分12秒、Ｅ１３８度38分45秒のところである。ここから視ると富士山頂は雲に覆われていたが、１２５～１３０度の方に当たるようであった。

濃いオレンジ色と黄色の横に漂う穏やかな潜象光が視えた。立ちあがる潜象光もほぼ同じ色であった。この他、30度±10度の方向に淡く立ちあがる潜象光が視えていた。２７０度方向の赤石岳、荒川岳の方にも潜象光が視えた。また、２２０度方向は天狗岳、七つ峯、天狗石山があり、３３０度近辺は北岳、千丈岳、甲斐駒ヶ岳、御嶽山、乗鞍岳、穂高岳、槍ヶ岳等、北アルプスの山々、そしてその先には立山がある。広い幅でもって強い潜象光が視えた訳である。S氏のアドバイスもあって、ここへ来たのは正解だった。

この後さらに富士宮へ向かって１３９号線を南下していくと、上井手に富士ミルクランドがあり、ここで遅い昼食となった。ここのレストランでは、フリーサービスの生乳で作ったヨーグルトがとても美味しかった。ここではチーズなど乳製品も販売している。

富士山本宮浅間大社　一面に漂うピンク紫の潜象光

（静岡県富士宮市宮町）

祭神は浅間大神《あさまおおかみ》と称する木花佐久夜毘売命《このはなさくやひめのみこと》であることは同じだが、当ててある字は他の浅間神社とは異なっている。合際神は、邇々芸命《ににぎのみこと》、大山津見命《おおやまつみのみこと》の二柱である。

この神社は浅間神社の本宮であるばかりではなく、駿河国一宮でもある。奥宮のある富士山八合目以上の地は徳川家康公によって寄進されている。明治二十九年に官幣大社に列せられている非常に格式の高い神社である。潜象光を視なくても、誰しもが非常に穏やかな気持ちになれる神域である。

拝殿正面に向かって立つと、磁石で7〜9度の方向である。ここで潜象光の状態を視てみた。15度、30度、40〜55度、230度、270度、297度、320〜360度などの方向に立ちあがる潜象光が視えた。特に40〜55度の方向一面に濃い赤オレンジ色、ピンク系紫色の光が視えた。また、320〜360度近辺には紫色の漂う潜象光が視えた。本殿正面の潜象光は大変強く、濃いオレンジ色主体で、赤オレンジ色に近い。この方向にもピンク系紫色の光が一面に漂っていた。

ここの境内には、富士伏流水の湧出口があり、湧玉池《わくたまいけ》という。取水できるようになっているが、飲用に供するには湯沸かしとの注意書きがあった。

ここと富士山頂との距離は、18・15キロメートルで、4・5キロメートルの4・03倍となる。潜象エネルギーを非常に強く受けられる場所であることが判る。

富士山頂の方向は、40〜55度の範囲であるが、15度の方向は甲武信岳、30度の方向は三ツ峠山、七つ石山、雲取山の方向である。２３０度の方向には真富士山、突先山があり、２７０度の方は赤石山脈南側、３００度の方は赤石山脈北側に当たる。３２０〜３６０度の方向には、北岳、千丈岳、乗鞍岳、穂高岳、槍ヶ岳など北アルプスの山々があり、さらに、立山、鹿島槍ヶ岳、戸隠山、黒姫山も含まれる。このように、この社は各方面からの潜象光が多く集まるところである。

黒姫山と戸隠山がこの範囲に入っていたので、念のため、富士山と皆神山との距離を測ってみた。すると１４４・５キロメートルで、４・５キロメートルの32・１１倍になった。富士山からの潜象光も充分に届く距離であった。

この神社へ行くには、ＪＲ身延線西富士宮駅が近い。車で行くには、東名高速道路富士インターでおり、すぐ西富士道路へ乗り、北上して、小泉の所で降りると便利である。

新橋《しんきよう》浅間神社（静岡県御殿場市新橋）

この浅間神社は富士山の東表口参道宮である。主祭神が木花咲耶毘売命であることは同じであるが、合祭神には、邇々芸命（愛鷹大明神）、天照大神、誉田別命《ほむたわけのみこと》、菅原大神の四柱が祀られている。

ここに着いたときには、陽が陰ってきて、周辺が全体的に暗くなりかけていたせいか、潜象光の明るさは大分落ちてきていた。しかし、社殿正面と、その左右の方向に明るいオレンジ色が視えた。また紫色も加わっていた。ここで視えた潜象光の方向は、320~326度、310度、280度、295度などの方向であった。いずれもそう強い光ではなかったが、明るい光であった。そのほか、40度の方向にはピンク系紫色の明るい光があり、立ちあがるものはオレンジ色であった。210度の方向はオレンジ色主体で、紫色が縞模様になっていた。

ここで飲んだお水は、体の中にじわっとしみとおるような美味しい水であった。

この神社は、JR御殿場線御殿場駅で下車すると、ほど近いところにある。車では、東名高速自動車道路御殿場インターで、降りることになる。

東口本宮富士浅間神社（静岡県小山町須走）

この神社に着いたときには午後五時半過ぎで、曇のせいもあって、潜象光は相当に落ちていた。それでも社殿方向（磁石で310度）には、赤紫色主体の潜象光が視えていた。この他、330度、355度、13度、95度、100度、110度の各方向にも潜象光が視えていた。ここでは社殿方向が一番明るかった。この神社は境内が木立に囲まれていて、社殿の方向のみ上方が開けている。富士山頂はこの神社のほぼ真西（270度方向）に当たるが、この方向は樹木に完全に遮られており、暗くなっていた。時間的にも富士山からの潜象光は相当に落ちていて、強い光は視れなかった。それでも、宮司がこの日の終わりのお祈りをし、太鼓を打ちならしたときには、それまでよりも一段と明るい光になった

なお、社殿の手前の付近で磁石で方向を調べているとき、場所によって磁針の方向が不安定になった。後で落ち着いたのであるが、前記の方向、必ずしも確かではないかも知れないので、一応参考程度に留めておくことにする。

この神社へのアクセスは電車でなくて、車利用をお奨めする。東名高速自動車道路を、御殿場インターで降り、国道１３８号線を北上するか、山中湖の方から、１３８号線を南下するかのいずれかである。

富士山の周りには、この他にも浅間神社が幾つかあるが、主だった社は以上である。調査した神社は、富士山からの潜象光を受けているだけでなく、他の山々からの潜象光も数多く受けられる場所に造営されていることが判った。

東北の山を調べているとき、鳥海山からの潜象エネルギーが月山に流れていたが、富士山の潜象エネルギーは、ここに述べた多くの山々と呼応しているといえる。富士山の

富士山たる由縁はこのようなところにも現れている。

今から三千年もの昔、秦（中国）から、徐福が日本に渡来し、富士山麓に住み着いたという伝説があるように、富士山の霊域は住みやすい土地であったのだろう。

富士山を一回りしたときには暗くなっていたが、東京に戻るとき、山中湖から入った「道志の湯」の所で、一休みして帰途についた。

吉田の火祭り

火を焚いて火を鎮める鎮火大祭「吉田の火祭り」は、毎年八月二十六日、二十七日に行われる。この祭は、静岡県島田の帯祭、愛知県国府宮のはだか祭と共に、日本三奇祭の一つになっている。

二十六日夕刻、浅間神社を発した大御輿と御影（赤富士を模した御輿）は、町中の御旅所《おたびしょ》に入る。ここで神事が執り行われる。御輿が御旅所にはいると、町中の大通りに設置されている筍型の大松明と、井桁に組まれている松明に次々に火が付けられる。この御旅所から街並みを下って、富士吉田駅近くまでの沿道に至る間、松明の火の列は絶えることなく続いている。

三メートルになるかという筍型の大松明も、井桁の松明も勢いよく燃えていて、なかなか壮観である。御旅所は少し脇道にそれるが、大通りには、道路脇にたこ焼き、焼きそば、お好み焼きなどの屋台がぎっしりと立ち並び、お祭り気分を一層引き立たせている。

毎年毎年二十万人近く集まるといわれて、道路中央部の燃えさかる松明の両脇をぎっしりと見物客が行き来している。この松明と屋台の長さはなまなかではない。相当に長い区間続いている。勢いよく燃えている炎の帯がこの区間ずっと続いているのである。

翌二十七日は、御輿の還幸祭が執り行われる。この日は氏子達はすすきを持って回るので、「すすき祭」ともいうそうである。

吉田の火祭り

白山スーパー林道

強烈な赤、オレンジ色の放射

十月の下旬、富山の尖山《とがりやま》から白山の方へ回ることになった。

遅くなりそうであったので、白山の麓にある中宮温泉の宿へ電話して、白山スーパー林道の状況を訊ねてみた。すると、この林道は午後五時以降ゲートが閉じるとのことだったので、白川郷の方から行くのを止めて、金沢の方から回り込むことにした。こちらからの道を行くと、加賀一宮である白山比咩神社の近くを通って行くことになる。

翌朝は、秋晴れの良い天気であった。このスーパー林道は紅葉で有名である。この時期は観光バスラッシュになるものだが、朝早かったのでさほどのこともなかった。

スーパー林道に入って程なく、大きな滝がかかっていた。高さも相当あり、見事な滝である。この滝はふくべ大滝である。この滝は近くの瓢箪山《ふくべやま》から流れ出しているのでこう呼ばれている。

白山スーパー林道から見た白山

その脇を通り抜けて、曲がりくねった道をしばらく走ると、駐車場があった。この駐車場はN36度15分23秒、E136度48分15秒、H＝1050mのところにあり、白山が正面に見える場所である。

白山は幾つもの峰を持っている山である。この場所からは、大汝峰、剣ヶ峰、御前峰が正面に見える。白山神社奥宮は、御前峰（2702m）と剣ヶ峰（2684m）との間にある。御前峰と大汝峰の頂上付近には、もう既に雪が冠っていた。御前峰の手前に間名古の頭がある。

この場所では、目を閉じて360度ぐるりと一回りしてみると、オレンジ系を主体とした漂う潜象光が視えた。この中で白山の方向は、燃えるような鮮やかな赤、オレンジ色の潜象光であった。この白山は、２１０度の方向であり、手前の山、間名古の頭は２００度の方向に当たる。

ここからさらに、スーパー林道を登ってゆくと、栂《つが》の木台駐車場に着く。ここからも、白山がよく見える。

N36度15分25秒、Ｅ１３６度49分46秒のところで、標高は１４００メートルとさらに高くなり、山が見やすくなる。

ここからだと、手前左の方から間名古の頭、御前峰、大汝峰が、順次見えており、前の駐車場よりも、高度が高くなっているので、景観はさらに良くなる。

大汝峰と御前峰とは、近いせいか、潜象光は一緒になって視える。黄色とオレンジ色主体の幅広い立ちあがる潜象光である。オレンジ色は下の駐車場で視たものの方が鮮やかな色であった。

ここから視える漂う潜象光には、ピンク系紫色が混じっていた。

ここを過ぎてしばらくすると、スーパー林道は終わりになるのであるが、その付近に大きな駐車場があり、ここで一休みした。

この駐車場のところに、三方岩岳への登山道の標識が立てられていた。非常に見晴らしの良い所なので、登ってみることになった。

簡単に登れると思って、登りはじめたのであるが、途中、結構急な坂もあり、水で滑りやすくなっている所もあったりして、そう簡単ではなかった。それでも、何とか三方岩岳の頂上に辿り着いた。

この三方岩岳の頂上は、平になっていたが、裏の方へ回ると、コの字型に凹んだ絶壁になっていた。一方だけが凹んだ山なので、この名前が付いたようである。

この山の頂上から白山の方を視ると、立ちあがる潜象光が非常に強い。特にオレンジ色が強烈である。登る途中でもそうであったが、ここから視た方がもっとよく判るのは、上の方から光が雨のように降り注いでいるのである。

漂う潜象光は、黄色が主体で、幾層も波うったような形で、オレンジ色の筋目がついている。

なお、よく視ていると、上から降りそそぐ光は、白山の方向と、この三方岩岳の方に降っているようであった。ここの頂上には、三方岩神（三宝岩神）が祀ってあるが、この方向にも、矢張り、黄色が強く出ているのが視えた。また、降ってくる光は三宝岩神の方よりも、白山方向の方が強かった。

白山方向から、右約30度の方向には、やや淡い紫色が漂っていた。これは綺麗な黄色と、交互に視えた。

場所を少し変えて、凹んだ壁の見えるところ近くへ行き、遠くに見える北アルプスの方向に向いて立つと、80度近辺に立ちあがる強い潜象光が視えた。この方向は、全体的に幅広く広がっている光は紫色で、若干オレンジ色が混じっている。紫色が最もよく視えるのは70度、80度近辺である。

１１０度の方向にも、立ちあがる潜象光が視えた。20度方向も同じであるが、この方向は、オレンジ色が加わって、しばらく視ていると、その色が段々と強くなってきた。

３４０度の方向も20度の方向とほぼ同じであった。

この三宝岩岳は標識にあったように、非常に見晴らしの良い山であった。天候にも恵まれて、とても良い体験をした。さすがに、白山が霊峰といわれる由縁も良く判る所である。

この後、合掌造りで有名な白川郷に降り、朴葉《ほおは》焼きと岩魚の焼き物を昼食に摂った。そこで、朴葉の上に岩魚の身をほぐしたものを混ぜて焼き、食したが、これはなかなかの絶品であった。皆様も一度試されてはいかがかと思った。

白山比咩神社

イヤシロチに充満する明るい光

この神社は石川県鶴来町にある国幣中社で、加賀一宮・越の白山といわれている神社である。

由緒書によると、御祭神は白山を神体山として、行きとし生けるものの「いのち」の祖神《おやがみ》と仰ぐ、白山比咩大神を奉斉したことに始まるとされている。同時に、伊弉諾命と伊弉冉命とを併せて御祭神としてある。

奥州一宮、三河一宮など、一宮といわれている神社は、潜象光がよく視えるところである。いわゆるイヤシロチなのである。私は機会があれば、まだ行っていない一宮といわれている神社には、行ってみたいと思っている。

一回目は、夕方近くで潜象光を視るにはぎりぎりの時間帯であったが、立ち寄ってたのである。この神社は一宮といわれるだけあって、境内が広く、駐車場は、本殿と大分離れたところにある。

白山比咩神社

本殿正面に向かって立つと、108〜110度の方向になるが、この方向には綺麗な立ちあがるオレンジ色の潜象光が視えた。若干降り注ぐような感じもあったが、本曇りで、夕方であったので、これはやや弱かった。そして、下の方にはオレンジ色が漂っていた。

この本殿に向かって右側の所に奥宮がある。この奥宮は、社殿の作りはなくて、三本の巨石が立てられている。この巨石は、石の木塚の立石とは比較にならないほど大きいものである。中央に一番大きい巨石が安置されている。

本殿で潜象光を視てから少し時間が経っていたので、大分薄暗くなっていた。そのせいであろうか、本殿で視たほどの明るさ

白山比咩神社・奥宮の巨石

ではなかったが、巨石の正面１９０度の方向にオレンジ色の光が視えた。上部の方が明るかった。
一年後に、再びこの神社を訪ねた。社殿に向かって立つと約１００度の方向になるが、こちらの方向には、潜象光は視えていたが、特別明るい潜象光は視えなかった。
社殿を背にして、左手前方にある三本の巨石のところにある鳥居には「白山奥宮」の額がかけられてある。この巨石に向かって立つと、前回と違って、明るい潜象光が視えた。漂うものは薄い赤紫の色である。下の方から、若干であるが細い線のような形の光が噴き出すような感じで出ていた。
この巨石の傍に大木が茂っている。大欅《けやき》と大杉である。葉が茂っているので、周囲はやや暗くなっているが、漂う潜象光はオレンジ色と薄いピンク系紫色で、立ちあがるものは、オレンジ色主体である。周囲が薄暗いので、そう明るい色ではないが、視ている裡に濃いオレンジ色と紫色とが一杯に広がって視えた。

この樹の傍に、白山奥宮遙拝所の立て札があったので、白山を拝もうと思ったら、気が大きく育っていて、白山は見えなかった。そこで社殿のところまで戻り、社殿の庇の下に立ち、大欅と大杉との間の方向を向いてみた。すると、立ちあがる潜象光は一段と明るく、強い光は少しキラキラする感じで、オレンジ色主体のものとなった。

この神社へ行くには、北陸本線西金沢駅で、北陸鉄道石川線に乗り換え、終点加賀一宮駅で下車する。車は、北陸高速自動車道金沢西インターで降り、鶴木町の方へ南下する。

白山連峰

潜象光に現れる白い光

この夜は、尾口村にある一里野温泉に泊まった。翌朝は快晴だったので、白山がよく見える場所を求めて、さらに山奥へ向かって出発した。

白峰村にある市ノ瀬ビジターセンターで、白山のよく見える場所を尋ねたら、ここにおられたボランティアの方から岩屋俣展望台が良いのではないかとのアドバイスを受けた。登りの様子を尋ねたら、最初の石段のところは急だが後はそれほどでもないし、所要時間は約二十分とのことだったので、センター前の駐車場に車を止めて登りはじめた。

最初の石段を過ぎても、登りは結構急なところが多く、途中休み休み登ったら、岩屋俣展望台の休憩所に着くのに約二十五分ぐらい掛かっていた。

この展望台は正面に白山連峰の頂上が見事に見える場所にある。この展望台に立って目を閉じ、潜象光の状態を視てみた。すごく明るい光が視えるということではなかったが、これまでとは違った色が視えた。赤や、オレンジ色が白みがかっていたのである。

つまり、白っぽい光になっていたのである。

それでも、しばらく視ていると、立ちあがっている潜象光は、濃い赤色とオレンジ色との間の色であった。漂うエネルギーもほぼ同じ色であった。その内に輪郭はぼやけていたが黄色の円形が視えてきた。この状態になっても視界の下の部分は、白っぽい色が混じっていた。

ここからは白山連峰は磁石で40度〜60度の方向に見える。左から大汝神社、白山奥宮、別山神社がそれぞれの峰に安置されている。

一般にこの山は全山雪に覆われている期間が長いので、白山と呼ばれているのであろうと思っていたが、潜象光にも白い色が現れていたのである。

展望台からの帰り、白山に注意が向けられ、その話をしながら歩いていたら、分かれ道のところで、別のルートの方へ行ってしまい、駐車場に降りるのに、約三十分ほど掛かってしまった。回り道になっていたのである。山で迷うのは簡単なことだと、あらためて考えさせられた。

市ノ瀬ビジターセンターから下へ降りる途中、N36度06分37秒、E135度41分07秒H＝800メートルのところで、白山頂上が顔を覗かせている場所があった。車から降りて、潜象光を視てみると、最初は柔らかい紫色の光であったが、次第に赤色の強い立ちあがる光に変わっていった。その途中で展望台で視た黄色の円形の光が視えた。この場所から白山の頂上はほぼ真東になる。

この後、林道の入り口近くまで戻ってきた。上の方は紅葉していたが、この日は土曜日で、沢山の車が紅葉見物に上っているのが見えたので、私達はこの道を避けた。

市ノ瀬ビジターセンター

白山に登るには色々なルートがある。白峰村の市ノ瀬もその一つである。ここからさらに別当出合へ行き、ここから登りはじめる人が多いそうである。バスがここまで行っている。

このビジターセンターには、駐車場も多く用意されており、ここからの登山者が多いことを伺わせる。センター内には、ビデオによる白山の四季折々の景色を見ることができる。その他色々な展示物もあり、休憩がてら、情報を入手するのによい場所である。

なお、ここには休日など、登山者の多い日には地元のボランティアーの方が何人も来ておられ、親切にアドバイスしていただけるし、二時間程度のガイドウオークもある。(五月一日より十一月五日ぐらいまで)

立山の潜象光

立山の神から贈られた美麗な色彩

白山からの戻りは北陸高速道の登り車線に乗った。富山を過ぎしばらくすると、右手に立山連峰が見えてきた。車を走らせていると、車の正面に立山連峰が見えるところがあった。呉羽インターを少し過ぎたところである。この日は天気が良かったので、立山連峰の山肌までよく見えた。目を閉じると、とても綺麗な紫色が視界の上三分の二位まで、一杯に広がって視えた。下三分の一はオレンジ色でこれも綺麗な色であった。

同じ高速道路上で、富山インターから四キロほどのところ（N３６度４０分３４秒、E１３７度０９分４０秒）で、車の正面ではなかったが、やや右手の方にまた立山連峰が見えてきた。再び潜象光を視ると、ここでも綺麗な紫色が眼前一杯に広がって視えた。立ちあがるエネルギーは赤紫色とオレンジ色で、これも綺麗な色であった。

久し振りに美しい紫色が視えて、私はとても幸せな気分になり、今回予定していた室堂からの立山を視られなかった残念さは、一挙に吹き飛んでしまった。

この立山連峰は富山側から見ると、大日岳（2489m）、奥大日岳（2606m）が手前にあり、その向こうに別山、大汝山、雄山（3015m）等が連なっている。この雄山の頂上には雄山神社が祀られてある。祭神は伊弉諾尊と手力男命《たぢからおのみこと》である。

立山の少し北の方には剣岳（2998m）もあり、これらの山々からの潜象光が重なって視えたことになる。それで、さすがにこのように幅広く美しい色の潜象光が視れたのである。

深田久弥氏の日本百名山には、七〇一年に佐伯有若が越中の国司として在任中、その子有頼が、白鷹を追って立山の奥深く入り、弥陀三尊の姿を視て随喜渇仰し、立山大権現を建立したとある。「三代実録」には、「清和天皇貞観五年（八六三年）五月、甲寅《きのえとら》正五位下なる雄山神に正五位上を授けられ」たという記録がある。雄山神とは立山のことであると述べてある。

他の文献（立山信仰の歴史と文化　高瀬信雄著　名著出版）を調べてみると、江戸時代、富士山、白山、立山の三山禅定として、これら三山を回る「三の山廻《みつのやまめぐ》り」があったそうである。出羽三山は月山、湯殿山、羽黒山であり、大和には有名な畝傍山、耳成山、香具山の三山があり、全国には三山といわれる山の組み合わせが幾つもある。

もともと立山は、立山権現を信仰する神仏混淆《こんこう》の山であったが、明治の神仏分離、廃《はい》仏毀釈《ぶっきしゃく》により、立山権現から雄山神社へと変貌したのである。これとは別の話であるが、各地の山にはよく似た名前の山がある。立山と白山にも同じ名前がある。大汝峰（山）と別山である。また少し平になっているところには室堂の名が残っている。これも三の山廻りの影響を受けているのかも知れない。

今回は、思わぬところで立山連峰の潜象光を視ることができたが、もし、帰りのルートが白山スーパー林道経由であれば、これとは別ルートになるので、このルートを通ることにはならなかった。こちらのルートを選んで良かったのである。

きっと、立山の神から白山だけでなく、立山の方もよく視てくれといわれたような思いであった。

立山と能登・北陸路

夕景に立ち昇る潜象光

前回、高速道路上で視た立山連峰をじっくり視ようと思って、出掛けたのであるが、第一日目はうまく都合がつかず、立山は翌日行くことにして、能登半島の方へ行った。能登半島の付け根の雨晴《あまはらし》海岸や、氷見市の城ヶ崎あたりには、富山湾を介して立山がよく見えるところがある。冬の晴れた日には写真撮影に多くの人が訪れるところである。

この日は少しもやっていて、写真にはならないが晴れていたので立山連峰がよく見えていた。城ヶ崎を過ぎた頃から、S氏の車のカーナビが突然狂ってしまった。車の位置表示が、海岸から約五百メートルほど、海の中を走っているように示しているのである。岩手県の兜明神岳のある区界《くざかい》高原以来のことである。何となく立山連峰の方へ引き戻されているような感じであった。後で、コンピュータに強い武田氏にこの話をしたら、アフガン戦争の影響かも知れないとのことであった。遙かに遠い国のことが、こんなところにも出ていたことになる。

中島町の牡蠣料理

七尾市と穴水市との間に中島町がある。すぐ傍まで海が来ていて、葦が生えている水際には、カモメが数羽いて、なかなか風情のあるたたずまいである。

ここに牡蛎《かき》養殖をやっている人が、食堂を開いている。浦の苫屋といえば失礼になるが、立派な家屋でないのが、却って周りの風景にマッチしている。

店の中は、外見とは違って、きちんとしてあり、店のメニューは牡蛎料理だけである。牡蛎酢ガキ、殻ごと焼く料理、牡蛎フライ、牡蛎ご飯、それに牡蛎の吸い物なのである。

自分のところでその日採った牡蛎を使っているので、鮮度は申し分ない。臭みが全くない牡蛎である。炭火で焼く殻焼き用の牡蛎は、大きなボウル一杯あり、その量の多いのにまずびっくりさせられる。食べても食べても、未だ牡蛎が残っているといった具合である。側に置いた殻入れのバケツが一杯になってしまう程なのである。店の名は、ご主人の名を取って、「盛ちゃん」という。通る度に寄りたくなる店である。行くときは予約した方がよい。(Tel．0767 66 6734)

後日であるが、私はついうっかり七尾のガソリンスタンドで、車のドアに手を挟み、あまりの痛さに骨の一本か二本折れたのではないかと貧血を起こしかけたとき、なんと、スタンドの数軒先に整形外科医院があり、思わず、神様に「有難うございました」と、御礼を言ったが、おかげで骨は折れていなかった。あまりに気の毒と、またここへ連れて行かれ、お箸持てますかといわれたが、食べているときは、不思議と痛くなかったので、美味しく頂けた。

昼食の後、輪島に向かった。ここは輪島塗と朝市で有名な街である。輪島塗の展示場には、昔からの塗り物、現代の漆器など、美しいものが展示してあった。

ここを出て、さらに奥の方へ車を走らせた。しばらく行くと千枚田があった。一時は廃田になりかけたのを有志の方が復活されたそうである。今では公園風になっていて、道路脇の小高いところから、千枚田が良く見えるようになっている。いろんなところで千枚田は見掛けるが、ここの千枚田はこぢんまりとまとまっており、写真の撮影ポイントで有名になった場所である。かの前田真三氏の写真にも、ここは撮されている。

ここからさらに車を走らせると、仁江町に着く。ここには石川県指定無形文化財の揚げ浜塩田がある。江戸時代より四百年あまり続いた最古の製塩法も戦後廃れてしまい、唯一人残られた角花菊太郎氏によって引き継がれてきたそうである。息子さんが跡を継いでおられる。今年は予約注文が終わってしまい、来年春から塩作りをはじめられる由である。残っていたのを少し分けていただいた。この塩、口に含むと、単に塩辛いのではなくて、複雑な味を持っている。何ともいえない塩の味がするのである。帰宅してから料理に使ってみると、今までとはひと味違う美味しい味となった。

翌朝は、立山のことが気になって、朝市も覗かず宿を出た。写真の旅であれば、能登金剛の方へ回るのが良いのであるが、そちらへは回らず、能登道路、田鶴浜道路を経て、七尾市へ出た。海岸へ出たら、能登食祭市場の建物が見えた。輪島の朝市を見ずに来たし、休憩もかねて立ち寄った。ここは一階が生鮮市場、二階がグルメ館になっている。柿の菓子や干物を買ってここを出発した。

ここから前日来た道を逆に辿って、海岸の道へ出た。今日はカーナビも機嫌良くちゃんと車の位置を示していた。残念なことに、この日は気温が高く、前日よりもさらに靄が濃く、立山連峰はかすかに見える程度であった。午後になったら風が吹いて視界が良くなるかと思い、砺波ロイヤルホテルで昼食を摂り、時間待ちをすることにした。このホテルはロケーションがよく、何度か立ち寄っている。

昼食後、月岡町の田圃の中の道路に、南から北アルプス、立山連峰、剣岳が一望できる場所があり、そこに向かった。北アルプスと立山連峰の間には、手前の方に可愛らしく尖山《とがりやま》が見えていた。

この場所で潜象光を視ると、今回も眼前一杯に明るい紫色が視えた。立ちあがる潜象光はオレンジ色が主体であり、その中には渦も沢山視え、非常に強い潜象光である。

午後二時頃であったが、この日、晩秋にしては気温が十七度と高く、肉眼で見ると、山全体にかかっていた靄が未だ残っていて、景色としては残念であった。潜象光は雲や霧には無関係なのでちゃんと視えた。

この後は国道41号線で、神岡鉱山を通り、上宝村を経て、安房峠トンネル入り口へ来た。このトンネルができて、高山や平湯温泉から、上高地、松本へ抜けるのが随分楽になった。その代わり、このトンネルを走ると、峠からの雄大な景色は見れない。

この日、ここでは空が晴れ上がり、トンネル入り口の手前の広場で、槍ヶ岳を見ることができた。午後四時過ぎであったが、槍ヶ岳は半分斜光になり、手前の左右の稜線の間がやや廣く空いていて、その中央に槍ヶ岳が鎮座していて、見る景色としても素晴らしい。

ついでではあるが、少し戻り、新穂高温泉郷の方へ降りてゆくと、槍見温泉がある。槍見温泉では川に架かっている橋の上から槍ヶ岳が見えるのであるが、トンネルの場所よりは大分低いので、両脇の山の稜線が迫っている。それに比べると、このトンネル入り口のところは1250メートルと高い場所なので、山がゆったりと見られるのである。

潜象光は夕方だったので、そう強くはなかったが、穏やかな淡い赤紫色が主体の漂うエネルギーであった。立ちあがるエネルギーは赤みがかったオレンジ色であった。

この付近は何度も通っているが、トンネル手前の広場で槍ヶ岳が見えたのは、はじめてであった。夕日を浴びて山の半分が輝いている景色はとても印象的であった。

春先、再度富山県を訪れた。この時期、砺波《となみ》地方はチューリップの花が咲く。赤色、黄色、ピンク色、紫色と、まるで布を織ったように畑一面に咲いている。北海道の富良野、美瑛は、ラベンダー畑で有名であるが、それを小さくしたような花の帯が、何列も続いて、その先に山々が見え、素晴らしい季節であったが、いつもより強い黄砂の影響で、霞んで見える山を背景に、花を愛でながら、国道8号線をさらに北上し、入善町《にゅうぜんまち》（ここもチューリップで有名なところ）へ向かった。

その途中、富山市金尾新という交差点を少し過ぎたところで、素晴らしい潜象光が視えた。ここは前回、立山の潜象光を視た婦中町《ふちゅうまち》よりも、立山連峰に近い場所である。この付近一帯は、一般的に紫色がよく視える地域であるが、ここで視たものはこれまでのものとは違っていた。

目を閉じると、山の頂上の少し上あたりから、下の方に向かって放射状に紫色の光がでていた。潜象光が山の頂上あたりから、下の方に向かって放射状に現れるのはあまりないことであり、しかもそれが黄色や、オレンジ色、赤色でもなく、紫色というのが珍しかった。

なお、ここでは立ちあがる潜象光の中にも、紫色が多く含まれていた。また、その中には円形の濃いオレンジ色の光も視えていた。これまで何回も立山の潜象光を視てきたが、今回のものが、最も強い光であった。この付近から立山連峰（大汝山、雄山）は、約32キロメートルで、4・5キロメートルの約7・1倍前後のところにある。またその手前にある奥大日岳までは、約二十八キロメートルで、4・5キロメートルの6・2倍ぐらいに当たる。

入善町では、矢張りチューリップが美しかった。ここからはチューリップ畑越しに、朝日連峰が見えるのであるが、やはり残念ながら、山が黄砂で霞んでいた。

地元の人も、この年の黄砂は例年よりも、ずっと量が多いと話していた。それは、半日もしないうちに、車がグレーの細かいほこりに覆われてしまうぐらいであった。

入善町を過ぎて、国道8号線をさらに北上すると新潟県にはいる。程なく、断崖絶壁の「親不知子不知《おやしらずこしらず》」の難所の傍を通る。今は道路が整備されていて、波打ち際でなく、崖の上の方に道路があるので心配なく、安全に通れるのであるが、昔はこの断崖絶壁の下の波打ち際が道になっていた。そこでは波にさらわれる危険に晒されながら、旅人が通っていたのでこの名がある。絶壁の上から下を覗くと、よくこんなところを通行していたものと驚かされる。

ここを過ぎると、青海町《せいかい》にはいる。この青海町と、日本の地殻を二分する巨大な断層構造糸魚川・静岡線で有名な糸魚川市との間に、姫川が流れている。ここに架かっている姫川大橋の袂で車を降り、潜象光を視ることにした。

ここからは、110度、140度から55度の方向にオレンジ系の潜象光が視えた。155度の方向が最も強い濃い赤オレンジ色で、立ちあがる潜象光もほぼ同じ色だった。次いで、140度、110度の順に光っていた。140度から155度の間は一様に明るく光っていたが、強いて区分けするとこうなる。

155度の方向で補正すると、戸隠山の方向となる。140度の方向は、黒姫山を経て四阿山、さらには妙義山に達するラインとなる。なお、140度から155度の間に雨飾山がある。思わぬことで雨飾山の近くに来たものである。ここからの潜象光も強い。

110度の方向は、苗場山、谷川岳の方向である。この他、205度の方向にも、強い光が視えていた。この方向は、黒部の連山と、白馬岳を経て、立山連峰に至るラインであった。この方向の光の中には、ピンク系紫色の他、渦も含まれている強い潜象光であった。さらに、90度の方向にも明るい赤オレンジ色の潜象光が視えていた。

この場所から見ると、東の方から南西の方向にかけて、明るい潜象光が途切れることなくずっと続いて視えていた。

立山・室堂から弥陀ヶ原へ

潜象光の輝く渦

室堂へ出掛けていった。立山にはいるには、信濃大町からも、富山側からも、公共交通機関に頼らざるを得ない。

今回は、室堂、弥陀ヶ原に、それぞれ一泊する自由行動のツアーを見つけたので、それに参加することにした。これはほとんど個人の旅といって良いツアーであった。夏休みと九月の連休を外して出掛けることにしたが、予約するときには天候の状態はまったく予測できなかった。出発日近くの天気予報は、雨または曇で、はらはらさせられたが、何とか天気は持ちそうであった。

信濃大町に着いたのは十一時過ぎで、晴れていた。昼食には少し早かったが、美味しい蕎麦屋があるので、まずは、そこへ出掛けた。駅通りあるに小林という店である。山帰りのグループなども入ってなかなかの繁盛である。

風味の利いた美味しい蕎麦をのんびりと食べて、バスの停留所へ行ったら、次のバスまで小一時間待つことになった。そこで、駅前の観光協会へ行き、この付近の地図など、資料を貰い、信濃大町からみえる山々の潜象光を視ることにした。ここからは、爺ヶ岳から左の方へ、赤沢岳、蓮華岳、そしてさらにその左まで、全体的にオレンジ色と、黄色の縞模様の漂う潜象光に、淡いピンク系の紫色が視えた。極めて明るい光であった。

爺ヶ岳《じじがだけ》とは珍しい名前であるが、ここのパンフレットには、爺ヶ岳の「種まき爺さん」雪形、四月上旬〜五月中旬の説明があった。冬、山に積もった雪が春になると融けはじめ少しづつ消えてゆくが、その途中で山肌の稜線や、谷のところでいろいろな形になる。昔はその雪の形をみて、農作業の目安としていたのである。鹿島槍ヶ岳、五龍岳、白馬岳の雪形の説明もあり、雪形を見て歩くのも面白いであろう。

蓮華岳《れんげだけ》の方向に視えた立ちあがる潜象光には、オレンジ色でその中にはキラキラする光もあった。この方向の光が、この周辺では最も強く明るい光であった。

さらに、不動岳から左の方にある南沢岳、烏帽子岳あたりまで、蓮華岳とほぼ同じ色だが、幾分弱めの潜象光が視えた。感じとしては、肉眼では手前の山に隠れて見えない奥の方の山からの潜象光も、併せて視えていたようである。

ここから扇沢までは普通のバスであるが、扇沢からは、トロリーバスになり、黒部ダムへ着く。バス下車後、ダムのところまでの階段は結構長い。トンネルになっている階段を登り詰めると、黒部ダム展望台に出る。ダムの対岸には立山連峰が正面に見える。この日は少し雲があったが、竜王岳、一の越、雄山、大汝《おおなんじ》岳などがよく見えていた。長い上り階段で息が切れていたので、展望台にある湧水で喉を潤し、雄山の方へ向かって眼を閉じた。まず濃いオレンジ色の潜象光が視えたが、次第に赤に近い色に変わっていった。立ちあがる潜象光は濃いオレンジ色で、その中には渦があり、それがキラキラ光っていた。

展望台から降りて、ダムの放水を見ながらダムの上の歩道を対岸へ歩いて行った。この放水は強すぎると対岸の岩壁を破壊する恐れがあるので、水圧調整がなされているそうである。

対岸に着くとそこはケーブルカーの黒部湖駅である。このケーブルカーでトンネルの中を登り切ると、標高一八二八メートルの黒部平駅に着く。駅の正面に湖の対岸に聳える赤沢岳、スバリ岳、針ノ木岳が見える。赤沢岳の左の方は、鳴沢岳、そして鹿島槍ヶ岳と続いている。これらの山々からは強い潜象光が視えていた。赤沢岳の方が最も強い光であった。赤オレンジ色と、赤紫色が一面に広がっていた。立ちあがる潜象光もほぼ同じ色である。

黒部平から大観峰までは、ロープウエイで周囲の景色を眺めながら登る。このロープウエイのゴンドラのなかで、赤沢岳から鹿島槍ヶ岳の方を向いて眼を閉じたら、柔らかい紫色が一面に視えた。

大観峰駅について、ゴンドラを下り、再度トロリーバスに乗って、室堂へ向かった。トロリーバスを降りると、すぐ、今日の宿であるホテル立山があり、ここにチェックインした。

光る龍の目玉

このホテルでは、午後四時から約一時間のミニツアーが予定されていたので、これに参加した。この案内は後で役に立った。聞くところによると、前日まではまったく山が見えなかったし、雪も舞って、夜はマイナス1度だったそうである。

翌朝、山の上を包んでいた霧も午前九時過ぎには取れ、すっかり青空になったので、ホテルを出発した。大変有難いことである。この頃になると、浄土山から雄山、大汝山、別山、そして剣岳の一部まで、一望できた。雄山頂上の社殿も良く見えていた。浄土山、

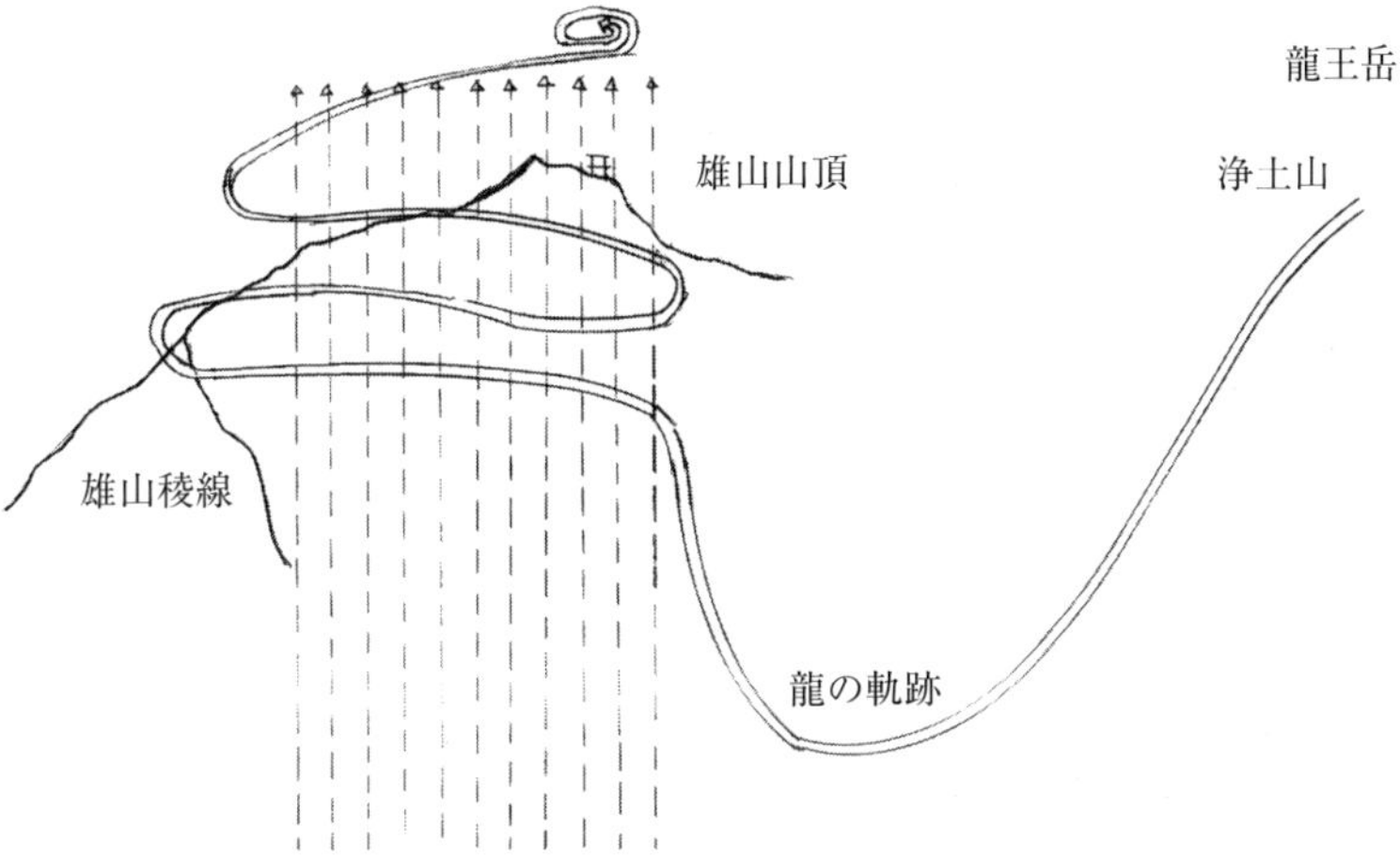

著者が立山で視た潜象光の図。点線は立ち上る潜象光。龍が舞っている時は、次元が違うので、この光は視えない。

雄山、別山は立山三山といわれている。

まず、ホテルのすぐ傍にある玉殿からの湧水のところで潜象光の様子を視た。雄山の方向は、前日、黒部湖のところで視たときと同じように、明るいオレンジ色、黄色の立ちあがる潜象光が視えた。

しばらく視ていると、右手の浄土山の方から青黒い流れがやってきた。浄土山の奥には、竜王岳があるので、そこから来たのであろう。中央の雄山の辺りに来ると、その先端のところに黄色の小さな玉が二つ光った。龍がこちらを向いたので、目玉が光ったのである。ここにも、矢張り、龍が棲んでいたのである。こ視ていると、この龍は立ちあがる潜象光のちょうど外側に当たる付近を、垂直に昇っていった。それから、右左にうねっていたが、最後には上の方で丸い輪になった。この一連の動きは、龍が舞っているようであった。

泰雲流と呼ばれる独特な力強い楷書で有名な書道界の巨匠・故柳田泰雲氏が好んで書かれた「龍翔鳳舞《りゅうしょうほうぶ》」という言葉がある。この龍が、単に翔ぶだけでなく、舞ってくれたのである。どうやら私が来たのを歓迎してくれているようで、私はどうもありがとうと応えた。読者の皆さんも、視ようとすれば視えるので、一度そういう目で空を視られたら如何だろうか。

数年前、福島県の霊山《りょうぜん》神社で視た龍は、少し離れたところの空間の大きな渦になって上昇している潜象流に乗って、ゆっくりと螺旋を描きながら上昇しているのが視えたことがあったが、ここでは、もっと近くで、雄山の立ちあがる潜象流に乗っているかのように、垂直に上昇していったのである。昇龍という言葉通りであった。

このときは、黄色やオレンジ色の立ち上がる潜象光は視えていなかった。矢張り、潜象光の次元が少し違うのであろう。

この周辺、立ちあがる潜象光だけでなく、浄土山から剣岳まで、一面に黄色とオレンジ色の明るい光が漂っていた。

この室堂平を少し歩いてゆくと、玉殿岩屋の休憩所がある。ここでも潜象光を視てみた。ここでは、雄山の反対方向にある大日岳連峰の潜象光を視た。この方向にも、赤に近いオレンジ色の漂う光と、立ちあがる潜象光が視えた。

さきほど視た雄山の方も、ほぼ同じであったし、漂うエネルギーは赤、オレンジ、黄色の縞模様が、明るく美しい色をみせていた。これに仄かなピンク系紫色も加わった。


大分前になるが、室堂へ行ったときのことである。このときの目的は黒部の紅葉であったが、その夜に初雪が降り、翌日、室堂へ行った時には、紅葉は雪の下になっていた。

この日、ヘリコプターが何か吊り下げて運んでいたので、一体なんだろうかと訝ったが、後でニュースを見たら遭難者のご遺体を運んでいたことが判った。

地獄谷の周りを見てから、ミクリガ池の辺りを散策していたら、一の越から降りてきた登山者に出会った。この人が今日は天気がよいので、富士山や槍ヶ岳までよく見えたと話してくれた。所要時間を聞いたら、一時間ほどとのことだったので、急遽、一の越まで登ってみることにした。初雪で滑るのを注意しながら登った。ここには山小屋があり、休憩することができる。

この一の越は前方が大きく開けていて、眺望の良く利く場所である。時間が経っていたので富士山は雲に隠れていたが、槍ヶ岳をはじめ、北アルプスがよく見えた。

ここから尾根道を見上げると、山頂にある雄山神社の社殿もよく見えていた。

今回の室堂行きでは一の越までは登らなかったが、ホテル立山の人の話では、昔よりもっと登り易くなっているとのことであった。

この後、前日案内されたコースに従って、みくりが池温泉のところで休憩し、それから天狗平の方へ歩きはじめた。このルートには、水平歩道という名が付けられており、ゆったりとした下り坂になっていた。この道にはいると室堂から離れてゆくので、散策者もいなかった。立山連峰に囲まれた室堂平のおおらかな風景を愛でながら、歩くことができ、ゆったりとした気分になった。

この頃から雲が出はじめ、山頂の方は時々雲に覆われるようになった。天狗平のすぐ近くまで来ると、剣岳が正面に見えるのであるが、生憎、頂上は雲に隠れてしまった。

天狗平山荘でかるい食事をとり、再び、弥陀ヶ原トレッキングコースを歩き出した。天狗の鼻を少し過ぎたところぐらいから、草原のところには、昔、餓鬼道に落ちた亡者が作った田圃といわれる「ガキの田」（池塘）があったり、山肌の紅葉が美しかったりしたので、楽しく歩いて行った。すると、這松の陰から雷鳥が見えた。木道のすぐ脇のところに、四羽の雷鳥がいたのである。親鳥一羽と雛鳥三羽であった。この時期になると、雛鳥も成長しており、大きさは親鳥とほんの少ししか変わらないほどになっている。前日の説明のとき、雷鳥は人間を怖がらないという話であったが、本当にそうであった。1メートルぐらいの至近距離でも、逃げないでいるのである。写真を撮ったが、その内に親鳥の方は繁みに隠れて、クウークウーといったような啼き声を立てはじめた。すると雛鳥も繁みの中に入っていった。（弥陀ヶ原ホテルで聞いたら、この啼き声は警戒信号であった）

めったに見られない雷鳥を四羽も見たりして、喜んで歩いていたら、獅子ヶ鼻に来た。このコースの難所にさしかかったのである。ここからは鎖場が続くのである。案内によると、この辺り、昔、鎖禅定路といわれた修験道なのである。役行者や弘法大師の石仏があるのを見る余裕もなく、ひたすら鎖場を降りていった。

最後の沢を越して、登りになったとき、足に故障のあったS氏はチョット無理かなと思われたそのとき、急に体が軽くなったそうである。誰かに背中を押し上げて頂いたようであったとのことであった。立山の神か、役行者《えんのぎょうじゃ》かは判らなかったが、どなたかに助けていただいたのである。後から押して貰うと、本当に楽だったようだ。

その途中でも、何度かクマザサの新芽の茎の柔らかいところを食べておられた。私も食べた。すると疲れがとれるのである。このことは、数年前、宮城県の大土ヶ森で、山の神からS氏が教えていただいたことである。この山は580メートルとさして高い山ではないが、頂上近くに一個所だけ、ロープを使う急勾配がある。その付近で、クマザサをとって食べるようにS氏に助言があった。そのことが今回も役に立ったのである。

弥陀ヶ原ホテルについて程なく、部屋の窓からこれまで辿ってきた方面を眺めたら、霧が湧いてきていた。一ノ谷を越えると、木道があるので道に迷うことはないが、霧に包まれる前にホテルに着かねばならぬと急いだのは良かった。

夕食後、ホテルで立山のスライド写真の映写会をやっていたので、これを見ることにした。「立山（自然観察ガイド）」（山と渓谷社）の著者佐藤武彦氏が説明しておられたが、最近は山の天候の激変をまったく知らないで、山歩きの装備のないまま、気軽な登山を楽しむ方が増えて、困っているという話をしておられた。この本、丁寧な編集で、立山に行かれるとき、一読をお勧めする。立山ホテルの売店で買い求めた「アルプス交番勤務を命ず」（谷口凱夫著　山と渓谷社）には、以前私が見た遭難のことも書かれていた。中高年の人（特に女性）たちの中には、忠告しても聞き入れない方が増えてきたと、心配して書かれてあった。

翌朝は立山カルデラ展望台の方へ出掛けた。ここはホテルから道路を渡って、二十分ほど登ったところにある。この展望台からは、右から薬師岳、越中沢岳、鷲岳、獅子岳、鬼岳、竜王岳、浄土山と、順に並んで見える。この日は幾分薄い靄がかかっていたが、肉眼でちゃんと見えていた。鷲岳と獅子岳との間の鞍部に、ざら峠がある。NHK大河ドラマ「利家とまつ」で有名になった峠である。この峠は、戦国時代、佐々成政が秀吉との抗争の際、徳川家康を頼り、雪の峠越えをしたことで有名になったところである。

ここで視た潜象光は、獅子岳が最も強い。赤オレンジ色、ピンク系紫色、黄色が混ざった漂うエネルギーがまず視え、次いで、立ちあがるエネルギーも視えた。この中には渦も含まれていた。一番右側、すこし離れている薬師岳からも、同じように潜象光が視えていたが、獅子岳よりも幾分弱かった。左側の浄土山は目視でも手前の山に多少隠れるが、潜象光も、前日の方が強かった。

ざら峠の方からも、強い光が視えていたが、これは多分、峠の向こうからの光のようであった。この方向は、刈安峠、黒部湖を経て、船窪岳の方向である。獅子岳の向こうには、同じく黒部湖を越して、針ノ木岳がある。展望台から降りる間際に、もう一度眼を閉じたら、物凄く強烈な光、濃いオレンジで赤主体の色が湧き上がってきた。そして、目の前一杯に広がった。さらに随所に立ちあがる潜象光の強い光となった。ここの潜象光は、こんなに明るく強い光なんだよと、言わんばかりの強烈な光となったのである。

ホテルに戻り、昼食の後、一休みしたが、先程の展望台とは反対の方向に大日岳連峰があるので、ホテルの横手に回り、この山の潜象光の様子を視た。この頃になると、空は高曇りになってきていた。一番左の方が前大日岳、中央が中大日岳、そして右に頂上が平らな山が奥大日岳である。前大日岳と中大日岳の方からは漂う潜象光も、立ちあがる潜象光も濃いオレンジ色とピンク系紫色が視えた。奥大日岳もほぼ同じ潜象光であったが、前者よりも幾分弱めであった。

一通り視終わったので、立山の神にご挨拶したら、これまでとは違って、ややピンク系であったが綺麗な紫色と、オレンジ色の強い光が一杯に広がって視えた。神が応えていただいたのだと感謝して、立山の潜象光の調査を終えた。

帰途、富山付近まで来たら、立山の方はすっかり雲に覆われていた。駅で白海老の乾物と佐々成政弁当を買って、電車に乗った。この弁当はとても美味しかった。また干白海老はかき揚げにしたりして、楽しませて貰った。今回の旅は、二十日ほど前に予約し、出発日の前四、五日は雨であり、帰ってからの三日間も雨となった。

私達が帰った翌日は、室堂平で遭難騒ぎがあった。幸いにもその翌日避難しているのを見つけられたそうで安心した。私達の訪れた三日間だけが、晴天という非常に恵まれた日程であったことを、今さらのように山の神々に感謝したのである。

戸隠山と鬼無里

神話と鬼女伝説

皆神山に近くて、有名な山に戸隠山《とがくしやま》がある。ここを最初に訪れたのは、大分前になるが、五月の連休のはじめであった。この年は春の訪れが遅かったのか、未だ雪が残っており、水芭蕉の群生地も一面の雪のままで、ほんの少し、葉先が雪の中から顔を覗かせているときであった。

戸隠神社の奥社へ至る参道の脇に、超古代のものと思われるセメントの類があるというT氏の話に誘われて、来てみたのである。

戸隠山は山嶽宗教で古くから有名であるが、その開基について、「米山一政著作集」の中には、次のように述べてある。

嘉祥二年（八四九年）頃、学問行者が、飯綱山で戸隠山の方へ向かい祈念し、独鈷を投げた。独鈷の落ちたところに、大岩屋を発見し、そこで法華経を読誦していると、九頭一尾の鬼が出現した。行者は「鬼は形を隠すべし」といい、それで鬼は岩屋の中へ戻り、岩屋の戸を封じた。それで行者はここに寺を建立して、戸隠寺と称したという。

なお、戸隠神社由緒書きには、戸隠は本院（奥院）、中院、宝光院から成っており、本院（奥社）は孝元天皇の五年（前二一〇年）創建となっている。本院には天手力雄命《あまのたぢからおのみこと》・九頭竜《くずりゅう》大神を、中院は天暦三年（九四九年）に相殿となり、寛治元年に分祠された。ここには天八意思兼命《あまのやごころおもいかねのみこと》を、宝光院には天表春命《あめのうわはるのみこと》が同じく天暦三年に相殿となったが、康平元年（一〇五八年）現在の地に分祠された。

これについては、寛治元年四月、時の別当が霊夢により、本院の祭神を手力雄命神、本地を聖観世音菩薩とし、中院の祭神を天八意思兼命神、本地を釈迦如来とし、宝光院は祭神を表春命神、本地を地蔵菩薩とすることに決まったそうである。

由緒書きの方には、戸隠という名の由来について、この九頭一尾の鬼の話とは別に、神話にある手力雄命が天の岩戸を隠し置くことにより、戸隠というとある。こちらの方は、岩屋に隠れた天照皇大神を外に出すために、神々が岩屋の前で宴を催し、その騒ぎに惹かれて大神が岩の戸を少し開けたとき、手力雄命が一気に扉を開け、暗黒だった世の中を明るくしたということで、戸隠山ということになったという、一般に神話として有名な話である。なお、手力雄命が投げ飛ばした岩戸は穂高町にある有明山（戸放岳）になったという。（後述）

奥社入り口の駐車場に車を止めて、四十分近く歩くのであるが、参道両脇の森の雰囲気はすこぶる良い。神域の気とでもいうようなものが感じられるのである。紅葉の時期はまた見事である。とりわけ奥社近くの紅葉は岩肌に映えて、少し霧があれば日本画を見るような、いうことない美しさになる。この山は山頂まで、山肌がゴツゴツしており、幾つもの峰を持つ特異な山肌が、奥社の所では目の前に迫ってくる。

戸隠山の山容がよく見え、写真にもなり易いのは鏡池の所である。手前の池と岩山の取り合わせが面白い。細い道だが、ここまで車を乗り入れられる。紅葉の季節には、水面に映える黄色や赤の色が美しい。日の出前からカメラの砲列ができるところである。

ここで黄オレンジ色の立ちあがる潜象光が視えた。ここから見るとゴツゴツした山容は大きく左右二つに分けられるが、左側の方の潜象光が、右側よりもやや強い光である。

信州は蕎麦で有名であるが、ここ戸隠の宿坊で始まった戸隠蕎麦は、全国的に 名の通った蕎麦である。ここへ来ると、私はいつも中院の近くにある宿坊「極意」 で蕎麦を食するが、現地で生蕎麦より茹で上げたものはさすがに美味である。そば湯まで美味しかった。（０２６・２５４・２０４４）

ここよりさほど遠くないところに、鬼女紅葉が討伐されてからこの名になった　という鬼無里村がある。

謡曲「紅葉狩」の題材になっている鬼女紅葉伝説の主人公紅葉は、元々、伴大納言の子孫であるが、都からこの地に流され、初めのうちは、村人の傷や病を癒していたが、都の生活が忘れられず、贅沢するためにいつしか鬼と化し、悪事を働くようになった。この紅葉は妖術を使うため、都から討伐に向かった平維茂《たいらのこれもち》は散々に負かされた。そこ

鬼女の洞窟

で、別所の北向観音に祈願し、観世音の加護で、紅葉の首をはねることができたという。（鬼無里村資料館資料）。

伝説はこのようになっているが、「時雨を急ぐ紅葉狩り　深き山路を尋ねん」で始まる謡曲・能では、これと少し違っている。紅葉の注ぐ酒に酔わされた平維茂のところに石清水八幡の使いの者が現れて、八幡大菩薩の神勅により紅葉が鬼女であることを知らせ、神剣を授ける。維茂はこれを使って戦い、最後のところは、紅葉が斬られるが、殺される前に維茂に降伏し、つき従って舞台を去ってゆく結末になっている。

この鬼女紅葉が棲んでいたという岩屋が、戸隠村山中ある。宝光社の近くから、鬼無里へ向かう道をしばらく走って、途中、左手に「鬼女の岩屋」の標識のある脇道（相当な山道）を走ると、龍虎隧道（トンネル）がある。このトンネルを出て、すぐ右手、車から降りて約百メートルほど山道を歩くと、岩屋に行き着く。奥深い山の中である。岩屋の中には、能の観世流や、宝生流の人達が立てた卒塔婆が幾つもある。

この道をそのまま麓の方へ降りてゆくと、紅葉の首塚や、紅葉を弔った大昌寺がある。ここの大杉は樹齢四百五十年の見事な大木である。

さらに車を進めると鬼無里村へ入る。

ここの民俗資料館には、大きな龍を飾った欅の屋台が四台納められている。

鬼無里神社の祭り（五月三日）には、この神社の龍が一台引き出されて町中を進む。この屋台は一番古く安政四年に作られたものである。残りは皇大神社、三島神社、諏訪神社のものである。（資料館和田氏談）

一番古い屋台の彫り物は「一木彫り」で「透かし彫り」の龍や、唐獅子等が精緻に彫られている。特に、屋台天井の龍は生きているように彫られている。屋台の柱の龍も見事である。これを彫った北村喜代松は、当時、若冠二十四歳であった由。卓越した技量の持ち主であったようである。

この龍の顔はすぐ傍で見ると、かなりインパクトの強い彫り物である。

最初私がこの村を訪れたとき、私が眼を閉じて体を一回転させたら、周りを潜象界の白衣の人達が取り巻くという現象が起きた白髭神社はこの近くにある。

鬼無里にも蕎麦どころが幾つもある。私達が立ち寄ったのは、大昌寺を過ぎて鬼無里の街中に入るちょっと手前のところ、国道４０６号線沿いにある「おに屋」である。細くて腰のある十割蕎麦が売り物である。

また民俗資料館の近くに、「いろは堂」という信州名物の「おやき」の店がある。ここのおやきはどこでも売っているものとは違っている。そば粉入りのおやきで薄い皮で包

鏡池より戸隠山を望む

んである。だから中味が一杯詰まっている。季節によって中味は多少変わるが、南瓜、野沢菜、小豆、茸など、十種類以上あり、味もなかなか宜しい。この辺りまで来ると、ここで熱々のおやきを食べて、力をつけるのが慣わしになってしまった。ここでは地方発送も取り扱っている。

（Tel　026・256・2033）

御嶽山

金雨の中を舞う龍体

皆神山に影響を与えている山の一つに御嶽山がある。山そのものは少し離れているが飛騨高山の位山《くらいやま》付近からもよく見える。この山は民謡木曽節でもよく知られている。この唄は、昔、材木を山から切り出して筏《いかだ》に組み、木曽川に流して運搬するときに、この筏の中乗りさん（船頭）が唄ったのであろう。

今回機会に恵まれて出掛けた。この山は幾つかの峰を持つが、山全体としては独立峰である。祭神は国常立命《くにのとこたちのみこと》、大巳貴命《おおなむちのみこと》、少彦名命《すくなひこなのみこと》他の神々が祀られている。

里宮は王滝村と三岳村にある。今回は王滝村の方へ行った。社務所の傍まで車で行けるが、里宮の社殿はここから三百段以上の石段を登ったところにある。着いたのが午後四時を過ぎていたので、社殿のある上まで登るには遅すぎた。晩秋の頃なので日が落ちるのが早いのである。

それで、手前のところで潜象光のみを視ることにした。石段の方へ向かって目を閉じると、薄暗い視界の中に、上の方から細い金線の雨が降っているような感じの光であった。

この光の具合は以前、東北の岩手県遠野市にある早池峰神社の境内で視た潜象光によく似ていた。

それからこの日の宿に予定していた三岳村の木曾温泉へ向かった。ここは村営ホテルである。泊まると御岳ロープウエイの割引券が貰える。

翌朝、ここから近い御岳ロープウエイの駅に向かった。途中森が途切れて御嶽山がよく見える場所があった。ここではキャンバスを立てて絵を描いている人がいた。そこから少し登ったところに、同じように山がよく見える場所があったので、そこで潜象光を視ることにした。

この日は快晴で、山に向かって立つと太陽は左やや後方にあった。目を閉じると、すごく明るい赤に近いオレンジ色が一杯に広がった。大きく分けて、左の峰、中央の峰、右方の峰の三つに分かれるが、このなかで、中央の山の方向（剣ヶ峰でその奥の方に魔利支天山がある）には、ほとんど同じ色の立ちあがる潜象光が視えた。幅も広い光であった。右の方の山（継子岳）からは丸い光も視えた。光は中央の山が最も強い。

漂う潜象光は、ピンク系紫色と黄色が交互に現れたが、オレンジ色のときが光は最も強い。時折、緑色も見えたがすぐに消えた。また中央と左側の峰との中間ぐらいのところでは、黄色い円形が視えることもあった。光の強さは、中央部が最も強く、次いで左側、右側の順になっていた。

この場所はN35度53分59秒、E137度33分05秒、H＝1400メートルのところである。

しばらく登っていくと、ロープウエイ駅へ着いた。6人乗りのゴンドラが続いてくるので、すぐに乗れた。このロープウエイで標高2150メートルのところまで行ける。七合目位にあたるが、ここまで来ると山頂がぐっと近くなってくる。

展望台のところで再び潜象光を視ると、矢張り中央部のところが最も明るい。オレンジが主体の色である。立ちあがる潜象光も眼前一杯、幅広く視えた。この中にはキラキラする光も沢山はいっていた。左側の峰（継母岳）も、ほぼ同じ色であるが、キラキラする光は少しであった。

この他、右上方からは、サラサラ流れるような光の流れも視えた。真上からは降るような光の線も視えた。矢張り、御嶽山は強い潜象光を放っている山である。

ここからは乗鞍岳、槍ヶ岳も良く見える。これらの山の頂上は既に雪が積もっていた。この方向の潜象光は、赤色系紫色とオレンジ色の漂う光が視えた。立ちあがる潜象光はこれらが縞になって視えた。

　ここからは周囲の山々がよく見える。この日は快晴だったので、左から、白山、乗鞍岳、槍ヶ岳、穂高連峰、浅間山、赤岳（八ヶ岳）、木曽駒岳、中央アルプスの山々等が一望できた。素晴らしいパノラマビューであった。宿を出るとき、ここから見える山を図示したものをコピーしていただいてきたが、その通りの眺めであった。展望台の脇に、さらに詳しい山のパノラマ図が石に彫ってある。

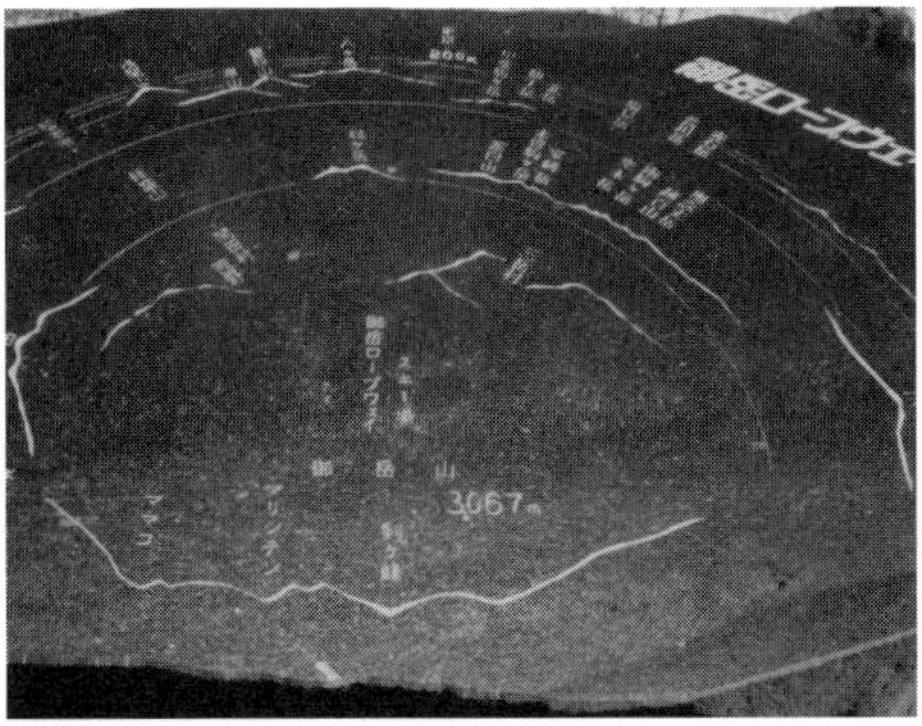

御嶽山ロープウェイ頂上の案内板

　廣い方向は全体的に視界の半分ぐらいまで、オレンジ系の光が漂っていた。しばらく視ていると、中央アルプスの方から、次第に非常に濃い赤色が一杯に視えた。その上の方には鮮やかな緑色も視えた。

　これは左の山の方にも次第に強くなった。この方向からさらに左の方向、槍ヶ岳、乗鞍岳の方を向くと、少し前に視た光よりもさらに濃いピンク系紫色と、濃いオレンジ色になった。立ちあがる潜象光はどの方向にも視えた。特に乗鞍岳の潜象光はここ御嶽山のものに近い強い光になってきた。また、上方部には緑色、黄緑色も加わった。どの方向を向いても、なんて綺麗な色が視えるのかと、幸せな時間を過ごすことができた。

ロープウエイを降りて、王滝村へ向かった。途中、漢方薬百草丸で有名な店がそば処を併営していたので、そこで遅い昼食を摂った。さすがに美味しい蕎麦であった。（ここの蕎麦の店は、季節によって営業日が変更になるので注意のこと）

この店では、訪れた人に程良い甘さの甘酒を振る舞っている。ここの御嶽茶は口当たりが良く、ほうじ茶がわりに愛用している。また売店には、この地方のものが多く売られている。

王滝村の里宮へ着いたのは、午後二時になってしまい、快晴の日であったが、ここでは既に陽が陰ってしまっていた。

三百数十段ある石段を登り詰めたところに社殿がある。社殿は切り立った大岩壁を背にして建立されていた。ここはもう陽がなくなっていて、岩壁の上方あたりにほんの少し、陽がさしている状態だった。

この社殿の前に立ち、目を閉じると、薄暗い中に前日と同じように、細い金線の雨が降っていた。そのまましばらく視ていると、青黒い色のものが右上の方から斜めに左下の方へ、流れるように降りてきた。何かが動いているようにも視えた。ここには何か棲んでいるのかも知れない。

それから正面の方が黄色に光ってきた。はっきりした色ではなくて、薄い和紙を隔てて、その向こう側で光っているような感じの色であった。宮城県金華山の神社で視た龍の貌のようには、はっきりと視えず、縦長の楕円形に近く、少し凹凸のある黄色い光のままであった。

御嶽神社

乗鞍岳

久々に視た強力なエネルギー

この山は私にとって何となく縁の深い山である。最初の出会いは、バスツアーで山頂近くの駐車場まで行き、そこから頂上まで登ったときである。３０００メートル級の山に頂上まで登ったのはここだけである。初夏ではあったが、風が強く、肌寒い感じであり、急勾配のところが多く、大分苦労したが、雪渓が未だ残っていたこと、途中下の方に見える池が美しかったことなどを覚えている。

それからしばらくして、Ｔ氏と飛騨高山を訪れた際も、この乗鞍との繋がりを感じたこともあった。

次に、写真クラブのメンバーと数人でこの山へ来たのは、それから十数年後のことである。乗鞍高原で、白樺の秋を撮影し、位ヶ原に宿を取って、翌早朝、暗い内に宿を出発し、日の出を撮りに出掛けた。日の出の撮影ポイントには既に数台の車があり、中には豊橋の人で、ここに前日から来ているという人もいた。良い写真を撮りたいと思えば車の中で数日過ごすことは普通のようである。私も何度か似たようなことをしたが、車中連泊はしていない。

その後、何度か来たことはあったが、潜象光を視るということはなかった。少し離れている信州の塩田平や、高山市の付近、丹生川村《にゅうかわ》で乗鞍岳の潜象光がよく視えることが多かった。

今回、少し時間があったので、山頂近くの駐車場からすぐ近くの魔王岳に登った。何かいわれがあるとは思えるが、なぜこのような名前が付いているのか不思議である。

ここに登ると展望が良く、穂高岳や、槍ヶ岳もよく見える。ここから見ると、この両者は比較的近接しているので、潜象光も少し混って視える。穂高岳の方が連峰のせいもあるのか、槍ヶ岳よりも光は明るく強く視えた。

山自体の放つ潜象光を視るには、その山の頂上よりも、少し離れて山全体を視る方が、分かり易いときもある。

この後、乗鞍高原に立ち寄った。この高原は乗鞍岳が美しく見える所である。

乗鞍岳

この高原には何度も来ているのであるが、今回も、ここに立ち寄れて嬉しかった。

それは、乗鞍岳に向かって目を閉じたとき、今回の旅で、最も強く明るい潜象光が視えたからである。黄色とオレンジ色の非常に明るく、強い潜象エネルギーが視えた。私は思わず、両手を一杯広げて、しばらく山に向かって立っていた。久しぶりに、このように強い潜象光に出会ったからである。

前回、乗鞍岳頂上付近の駐車場からは、頂上は見えないし、山に登りすぎて、山全体の潜象エネルギーを視るには適していなかったが、この高原だと、ちょうど、山全体が見える距離なので、山の出す潜象光も大部分視ることができるのである。

乗鞍高原

私は乗鞍高原から見る山頂の景観が好きで、この高原には何度も訪れている。雪をかぶった山頂、青々とした緑に囲まれた山、秋になるとこのあたりは紅葉に彩られており、四季折々の美しさを見せてくれる山である。

ここには、水芭蕉の群生地もあり、滝もあるしで、多くのカメラマンが集まるところである。

宿泊施設も多く、レジャーには好適の地で冬にはスキーもできる。また、ここには誰でも入浴できる淡い白濁の硫黄泉があり、良く効く温泉である。ここに来たときは大抵利用している。「湯けむり館」といい、入湯料は700円であるが、中にはくつろげる設備もある。

そして何より良いのは、近くにペンションがあって、ときには、飛び入りでも泊めてくれる所もあることである。

またここにはインフォメーションセンターがあり、周辺の道路情報、天候なども入手できる。ここからは白骨温泉も近い。

穂高岳と安曇野

山に視える円形の光

穂高連峰は前穂高岳、奥穂高岳、北穂高岳、西穂高岳等から成り立っている。西穂高岳を除いて、いずれも3000メートルを超える山々である。そしてこの連峰は、北に向かって南岳、中岳、そして槍ヶ岳と続いている。日本アルプスの屋根といわれる山岳地帯である。

避暑地として有名な上高地は、穂高連峰のよく見えるところでもある。ウエストン卿が見つけたといわれるこの上高地は、美しい風景に恵まれており、毎年、多くの観光客が訪れている。

河童橋から梓川《あずさがわ》の畔を、下流の方へ田代池、大正池を回るのが、最もポピュラーな散策コースである。これだけでも上高地の自然を充分に楽しむことができる。大正池は、焼岳の噴火で梓川が堰き止められてできた池であるが、ここには立ち枯れの木が水中にあって、写真を見ればすぐに大正池と判る有名な景色である。尤も、池の浚渫後は、こ

穂高

の立ち枯れの木も減ってしまい、昔ほど多くはないが、それでもここの風景には欠かせない点景となっている。
このコースとは逆に、梓川を上流の方へ歩いてゆくと明神池がある。このコースは大正池コースと違って、途中の景色の変化があまりないので、一般向きでないせいか、訪れる人もそう多くはない。しかし、この池は観光客の騒音も少なく静かなところで、時折水鳥が泳いで波紋ができるが、これが消えると元の鏡のような水面に戻る。山の懐にひっそりと抱かれた神の池という風情のある池である。ここからは明神岳がそそり立って見える。
ここには穂高見命が祀られている穂高神社の奥宮があり、十月にお船神事が執り行われる。社伝に拠ると、神代の時代、穂高岳に降臨されたとある。

この明神池から明神橋を渡って対岸に行くと、鳥居があり、大きな立岩がある。ここで潜象光を視ると、明るく強い光が視える。

この上高地の東の方、大滝山、蝶ヶ岳、常念岳、横道岳等を越えたところが、いわゆる安曇野《あずみの》である。ここには日本アルプスサラダ街道に続いて、広域農道（農免道路）が南北に走っていて、道沿いに、梓川村、三郷村、堀金村、穂高町、松川村が並んでいる。

雨に降られた乗鞍高原で、久し振りの休養をとった後、安曇野の方へ向かった。穂高岳を更に近くで見ようと思えば、上高地の手前から阿房トンネルを抜け、新穂高の方へ行けばよい。新穂高にはロープウエイがあって、上に昇ると、天気の良いときには、目の前に穂高の峰々が迫って見える。

この乗鞍高原から乗鞍岳の方へ車で登るのは、数年前まではできたが、この頃は上高地と同じようにマイカー規制があって、三本滝のところでバスに乗らなければならない。

確かに夏や、紅葉の時期になると、マイカーが無秩序に道ばたに駐車して、通行を妨げること甚大である。その上、駐車中も車のエンジンをかけたままの車もあって、排気ガスが周辺に充満することも多い。これは環境破壊にもつながることである。交通モラルの低下がもたらした規制なので、規制する側を責めるわけにはいかない。乗鞍の自然を守るためには、やむを得ない措置であろう。

さて、乗鞍高原から、国道158号線を松本の方へ下ってゆき、広域農道を走り、梓川村、三郷村を過ぎ、堀金村へ入った。ここの道の駅「ほりがねの里」で、一休みする。この付近からは、常念岳、横道岳、それに蝶ヶ岳がよく見える。中でも常念岳は山頂が尖ってとても良い形に見える。この辺りは、スケッチしている人が見受けられた。

さらに進むと穂高町にはいる。名前は穂高町であるが、ここから穂高岳は見えない。観光案内所の人に訊ねても、「なぜでしょうねー」という答えしか返ってこなかった。

山は見えないが、この町には、穂高神社がある。つまり穂高神社のある町なのである。格式の高い神社で、祭神は穂高見命、綿津見命、邇々芸命である。安曇という地名、綿津見命（海神）という神様は海に因んだ名前なので、なぜ、このような山の中にあるのか不思議である。安曇族という海の民がここに移り住んだためであろうが、山の中にあるので何となく奇妙な気がした。しかし、この神社の境内には、お船会館があり、昔から伝わるお船祭の船、人形、飾り物、古文書などが納められている。九月二十七日には例祭があり、大人船二隻、子供船三隻が出るお船祭りが行われる。そして離れてはいるが奥宮のある上高地の明神池では十月八日にお船神事が執り行われる。山の中にあっても、かつての海の民の伝統が残されているのである。

このように、この神社の奥社は上高地にある。常念岳などの大きな山を越してこの地にあるのが不思議である。ここで視た潜象光は、漂うものも、立ちあがる潜象光も普通の強さのものである。際だって強い光ということはなかった。

この辺りはわさびの栽培が盛んで、観光「大王わさび農場」もあり、ここには三つ連なった水車が動いており、昔風の川端風景が見られる。このように、わさびの栽培が盛んなので、わさびを使った土産物も多い。わさび羊羹やわさび最中が珍しかった。甘みの中にピリリと辛みが利いているのである。

安曇野は道祖神でも有名である。ここの農園のところにも、何体もの彩色された道祖神がある。町内では百二十体を超える道祖神があり、町のあちこちに、その優しい姿を見ることができる。

町中から北の方、有明山神社に行く途中に一つの建物がある。「緑の丘の赤い屋根　とんがり帽子の時計台　鐘が鳴りますキンコンカン……」という歌で有名なNHKのラジオ連続ドラマ「鐘の鳴る丘」のモデルになったといわれる建物である。このドラマは終戦後の戦争孤児を主人公にした物語であるが、多くの人の共感を呼んだドラマであった。

現在青少年の研修施設として使用されているそうである。

穂高町の有明には、有明山神社の里宮がある。祭神は手力雄命、八意思兼命、大巳貴命の三神が有明山頂の中岳本社に、天照大神、天鈿女命《あめのうずめのみこと》、事代主命の三神は南岳本社に祀られている。由縁は、天照大神の籠もった岩戸を手力雄命が、この地へ投げ飛ばしたので、戸放ヶ岳とか、有明山と呼ばれる霊峰であると伝えている。つまり、戸隠山からここまで投げ飛ばしたことになる。有明というのは、岩戸が開け放たれたので、朝が来て、世の中が明るくなったというわけなのであろう。

この神社の右手奥には、魏石鬼《ぎしき》八面大王が棲んでいたという岩屋がある。大きな花崗岩を組み立てた岩屋である。この岩屋は古墳の様相を呈している。この八面大王は、魔力を持った鬼神で暴れまわり、大和朝廷に反抗した妖賊として、坂上田村麻呂に征伐されたと伝えられているが、実際には、大和朝廷の領土拡大に対して、地元を守ったのではないかと思われる。東北地方のアテルイと同じように、大和朝廷の犠牲者だった可能性が強い。

有明山は２２６８メートルあり、頂上が平らな梯形型の山である。神社の少し手前のところから、この山の潜象光の様子を視ると、日輪神社で視たような柔らかい黄色で、輪郭が少しぼやけている円形の光が視えた。潜象光の強い山である。

神社にはいるところには、明治三十四年に建てられた神門がある。この門は日光の陽明門に模して建てられたそうで、多くの彫刻がある。しかし、現在彩色は施されていない。白木がそのまま年古りており、反って落ち着いた雰囲気になっているのがよい。

神社で視た潜象光であるが、本殿手前の石畳のところ一面に、オレンジ色と黄色の漂う潜象光があった。立ちあがるエネルギーも力強いオレンジ系主体のもので、その中に渦も視えた。しばらく視ていると、中央部が若干黒ずんでからそれが段々小さくなり、中心から四方へ淡いが細い放射状の光が数十條視えた。これは三輪山々頂で視たものに似ていたが、それよりも、大分弱い光であった。それから、右横から黒っぽいものが少し口を開いた形で現れたが、すぐ引き下がった。ちょうど、鰐が少し口を開けたのを横から見た感じであった。

昼食はやはり蕎麦になった。ここの蕎麦も美味しかった。

穂高町からの帰途、堀金村の道の駅にまた立ち寄った。この付近からは中央アルプスの常念岳、横道岳がよく見える。殊に常念岳の姿が美しく見える場所である。この辺りには、可愛らしい道祖神を道端に見ることができる。

この山の放つ潜象光は、一面に漂うオレンジ色と黄色が視えた。しばらく視ていると、巨大な立ちあがる潜象光となった。オレンジ色と黄色のはっきりした色である。中に芯があって、周辺も含めてキラキラする光も視えた。その内に、黄色の円形となり、その中心から周辺に放射状に、細い金線が数十条放たれていた。この円は大きく明るい。

　その右側にある横道岳からも、これと似た立ちあがる潜象光があったが、円形の光はなく、また光そのものも常念岳の方が強かった。この場所は常念岳がメインになっているところである。

八ヶ岳周辺

皆神山へも届く光

高速道路脇の林が途切れると、左前方に赤く染まった八ヶ岳がぐっと迫ってきた。中央高速道諏訪のサービスエリアを出て、しばらく走り、原村から富士見町へかかる頃である。

そして、高速道路の右前方には、淡い夕焼けに染まった富士山が、五合目ぐらいから頂上まで靄の中に浮かんでいた。

この付近は幾度となく往来しているが、これまでこれほど見事な風景に出会うことはなかった。すぐに写真を撮ろうと脳裏に閃いたが、カメラを山に向けるために、近くのインターチエンジから下りる頃には、この風景は消えてしまうことが予想されたので、唯、車から眺めるだけであった。それほど夕焼けの美しい様子は短い時間しか保たないのである。

左手に赤八ヶ岳、右前方には、靄の中に淡いピンク色に浮き上がっている富士山とい

八ヶ岳

う見事な取り合わせに、しばらく感嘆していた。
八ヶ岳連峰は、赤岳から南、権現岳、編笠山等は、長野県と山梨県との県境にあり、赤岳から北の方の山、横岳、硫黄岳等は長野県である。主峰の赤岳は、もともと赤褐色の山肌をしているが、この夕焼けに映えて、全山赤く染まったのは、唯々素晴らしいというほかなかった。八ヶ岳は独立峰で、周りに山がないのでよけい周囲から浮き立って見えるのである。

八ヶ岳の白駒ヶ池に行ったのは数年前になる。近くまで車で行けるので、池畔へ行くのはそう難しくはない。池そのものの良い写真を撮るのはなかなか良いアングルが見つけにくいが、池の近くにある水の流れていない沢のところは面白い。中には倒木などがあり、写真の構図として面白いところが幾つかある。これが私の八ヶ岳との出合である。

この池の脇の山道を登っていくと、頂上に磐座があるそうである。いつかは登ってみたいところである。


四月中旬、八ヶ岳とその周辺へ出掛けた。このときは桜と山をテーマに考えての旅であったが、生憎、山と花の取り合わせは今ひとつであった。花の開花は毎年違ってくるので、前年満開であっても、翌年同じとは限らない。

しかし、山の放つ潜象光は、時間帯や天候によって強弱はあるものの、全然見られないということはない。今回も、花は今ひとつであったが、潜象光はきちんと出ていた。立ちあがる潜象光はオレンジ色と黄色の明るいものであった。この山からの潜象光は皆神山へも届いている光である。


この後、明野村の方へ出掛けた。この付近からは甲斐駒ヶ岳がよく見える。山に近いこともあって、潜象光も明るく力強いものが幅広く視えていた。矢張りオレンジ主体で黄色が混ざっていた。

この辺りからは、地蔵岳、観音岳、薬師岳の鳳凰三山も見える。この三山からも明るく力強い潜象光が視えた。最初、私達は白く雪をかぶった山頂が見えていたのを北岳ではないかと誤認していた。それほどこの付近からの潜象光は強く明るかったのである。念のため、役場に行って訊ねてみたら、この付近から北岳は見えないといわれた。肉眼では鳳凰三山に阻まれて見えないが、潜象光は三山に重なって視えていたようである。方向としてはちょうど、三山の後ろに重なっているのである。北岳を見るには、南の方から夜叉神峠を越えてから、北上することになる。北岳はいずれ別個に調査する予定の山である。

さて、明野村から北西の方へ行くと、白州町にはいる。ここにはウイスキーで有名なサントリー工場がある。この辺り余程水質がよいのであろう。中にはビジター用に土産物をを売る建物もあった。この工場の脇を抜けてしばらく行くと、石尊神社がある。山肌に沿って、数百段の石段を登ったところに鎮座している神社である。

めったに登る人がいないようで、石段には落葉が一杯落ちていた。低いところの石段は多少登りやすいが、中段から上の方の石段は、幅が狭いうえに急な階段になっているので、中央にある鉄の手すりをつかまないと、危険なくらいである。

落ち葉を払いのけながら登った。途中、参道の脇に石仏が何体も安置してあった。登り詰めたところで石段を振り返ると、良くこんな急な段を登ってきたと思うほど急であった。登り詰めたところは広くなっていて、お堂と石仏が置かれてあった。このお堂の後ろは山の斜面になっていて、見通しはまったく利かなかった。登る前は先の方の見通しが利くのではないかと、期待して登ったのであるが、残念ながらこの期待は外れた。この山の後方には、雨乞岳があるのだが、その姿を見ることはできなかった。

一方、神社の前方は、木々の間から八ヶ岳が望める。下の道路からよりも大分高いところになるので、木々の間に見える八ヶ岳は、空間が短縮されて、地上から見るよりもぐっと近くに見える。神社は雨乞岳に関連しているようであるが、眺望の場所としては八ヶ岳のためのものである。ここで視た潜象光は下で視たものとほぼ同じであった。

神社からの下りは、登りよりも大変であった。石段の幅が狭い上に、表面が凸凹しているので、手すりに掴まりながら、慎重に降りた。登りのときに落ち葉を掃除しておいたから良かったが、うっかり足を滑らしたら、急な階段であっという間に下まで落ちてしまう。

白州町から有名な大糸桜の方へ向かった。田圃の向こうに二十人ほどの人がいたので、咲いているかなと思ったが、枝しか見えなかった。近寄ってみると、まだ蕾が固いままであった。この分では一週間以上早いようであった。せっかくツアーで来てもこんな年もあるのである。

桜を求めて、甲州路を走り、とある神社に辿り着いた。ここには八重桜があり、ちょうど満開であった。さらに、恵林寺《えりんじ》へ向かった。ここの境内も桜が満開であった。残念なことに風があり、この桜の写真は無理であった。因みに、私は写真を撮るのが好きなのである。この寺の境内には、武田家武将の名前を書いた幟《のぼり》（旗）が何本も立てられており、風でばたばたとはためいていた。眺めていると、戦国時代の哀歓を感じさせる風景であった。

閉門ぎりぎりの時間にもかかわらず、本堂の中に入れて貰えるとのことだったので、拝観料を払い奥庭にあるしだれ桜のところへ行った。夕闇が迫っていたが、ほの暗い中に、満開にちかい淡い紅色の花が浮き上がって咲いていた。風も和らいでいたのでしばらく眺めつつ、写真も撮れた。

この年に写した桜はこれが最後となった。

浅間山と佐久平

渦巻く強い光の放射

暮れゆけば　浅間も見えず
歌かなし　佐久の草笛

というのは、「小諸なる　古城のほとり　雲白く　遊子悲しむ」ではじまる島崎藤村の「千曲川旅情のうた」の一節であるが、この辺り一帯には、何かしら詩情をかき立てるものがあるようである。

佐藤春夫、若山牧水、堀辰雄、北原白秋など、この地を愛した文人達が多い。

浅間山はここに大きく聳えている活火山で、軽井沢町、御代田町、それに嬬恋《つまごい》村の境界にある。この辺りは、噴出した溶岩のゴツゴツした異様な姿で知られる鬼押出し、ゴルフ場、散策路などで知られる有名な避暑地である。

これまで、この付近は何度も訪れているが、潜象光を視るために来たのは今回が初めてである。

標高２５６８メートルのこの山の傍には、２４９３メートルの前掛山があるが、訪れた日は生憎と雲が多く、いずれも七合目から上の方は雲に隠れていた。

しかし、潜象光を視るには格別に支障はなかった。眼を閉じて視る光なので、肉眼では見えなくても良いのである。以前、岩手県の早池峰山に行ったときは、一面の霧で、視界は50メートル以下であったが、四方からきている潜象光はしっかりと視えていたことがある。

さて、山の方へ向かって立ち、目を閉じると、前掛山も剣ヶ峰も、目の前一杯に赤オレンジ色の明るく強い光が視えた。視界の下の方ほど、濃い色であった。立ちあがるエネルギーも同じ色で、その中央部に芯があり、渦も沢山含まれていた。

少し場所を変えて、再度潜象光を視てみたが、前の場所で見たのと同じく、明るく強い光を放っていた。


佐久で昼食を摂ることになった。名物料理をと思い、市役所でお勧めの店を尋ねた。

佐久の名物といえば鯉料理である。佐久ホテルと三河屋の他、二三の店を教えていただいた。いずれも岩村田にある店である。ここは旧中山道の岩村田宿のあったところである。

私たちは三河屋を選んだ。少し入りくんだところにある店である。鯉のあらい、甘煮、鯉丼などを注文した。甘煮はちょっと時間が掛かりますがといわれたが、確かに普通の店よりは時間が掛かった。まわりを見渡すと、先に座っていた人達も、のんびりと料理のでてくるのを待っている様子であった。土地柄なのであろう。大分待たされたが、出された料理は、充分満足のいくものであった。あらいも臭みがなく、氷で良く冷やしてあった。甘煮も程良く煮込んであり、かつ柔らかかった。鯉丼は揚げた鯉に和風のタレが良く合っていた。

時間に余裕があればお勧めしたい店である。（Tel 0267・67・3491）

御座山と茂来山

難読の山名が暗示するもの

皆神山から見て、北西の方向に戸隠山、雨飾山が同一線上にあるが、このラインを東南の方向へ延長した線上に、茂来山《もらいやま》と御座山《おぐらさん》がある。いずれも南佐久郡にある山である。読んで読めない名前ではないが、初めてではこうすんなりとは読めない。北柏木村役場の方に御座山の名前の由来を尋ねてみたら、日本武尊が東征のおり、立ち寄り、腰をかけられた山という説と、この辺りに多い塗地師の名前に、小倉《おぐら》というのが多いこととの関連があるのではないかという説があるとのことであった。

この山は深田久弥氏の日本百名山にでている標高2112メートルの山である。『続日本百名山』（朝日新聞社）には、オグラというのは、岩場を意味する「クラ」からきた名前だとあり、『日本三百名山』（毎日新聞社）は、日本武尊説を採っている。

名前の由来は、色々な説があるのが通例なので、どれがどうということではないが、はじめ読めなかったので、注意を惹いた。この山は山頂付近がゴツゴツした双耳峰の特異な様相を呈している。

この山の潜象光は、明るく強く、濃いオレンジ色が一杯に広がって視えた。立ちあがる潜象光もほとんど同じ色で、その中に幾つも渦が視えた。強いエネルギーを発している山である。

一方、茂来山は1718メートルの山で、高原の中にありそう高くは見えない。最初、この山を視るために、山をぐるりと巻いている道路の方へ行った。途中から狭いダートになっており、登山口の少し先の方で道路が閉鎖されていた。そこのところで潜象光を視たら、木立の中なので少し暗めであったが、淡い紫色が全体の広がって視えた。

元の道に戻り、この山から少し離れたところに、山の形が目視できるところがあったので、そこで再度潜象光を視た。光はオレンジ色と黄色の混じったものが濃くでていた。立ちあがる潜象光もあった。御座山の方が強い光ではあったが、この大きさの山にしては大きな潜象光である。

この山が私の注意を惹いたのは、皆神山と御座山を結ぶライン上にある山というだけではなく、名前である。青森県の戸来岳《へらいだけ》や、靄山《ももやま》と、共通するものがあるのではと思えたからである。この二つの山は、なぜか、名前にこだわりたくなった山であった。

笠ヶ岳と奈良山

紅葉の名所に立ち昇る強い光

皆神山から南西の方向に、常念岳と穂高岳があるが、このラインを皆神山から北東の方向へ延長すると、その線上に奈良山と、笠ヶ岳がある。前者は１６３９メートル、後者は２０７６メートルの山である。

笠ヶ岳は志賀高原の熊ノ湯の近くにある綺麗な山で、皆神山からは26・７５キロメートルのところにある。奈良山は同じく17・７５キロメートルのところにあり、潜象光的な結びつきは非常に強い。山の発している潜象光の90パーセント近くが到達している。

笠ヶ岳付近は紅葉の美しいところである。数年前、浅間から万座ハイウエイを通り、白根山から笠ヶ岳に向かった。ちょうど、紅葉の時期に当たり、素晴らしい赤と黄色の織りなす景色に出会ったことがあった。

ここでは、オレンジ色と、黄色の混ざった立ちあがる潜象光が視えた。中央部に芯のある強い光である。

笠ヶ岳

皆神山へは各方面から多くの潜象光が注ぎ込まれているが、特に山上の神社で円形の黄色い光が視えたので、これらの山に注目したのである。御座山と茂来山とが皆神山を介して、雨飾山と戸隠山との延長線上にあり、一方、同じように皆神山を介して、穂高岳と常念岳との延長線上に笠ヶ岳と奈良山があり、これらの関係は、先に述べた日輪神社のように、お互いに直交する線上からの波動は、物理上、位相がずれていないとき、つまり、波と波との山の高さが同じで、かつずれていないときには、縦から来る波と、横から来る波の二つが合成されて円を描くからである。

皆神山の場合、この関係に加えて、各方面からの潜象光が多く流れ込んでくるので、さらに多くの光がプラスされている。

発光現象・顕象界と潜象界とのつながり

これまでも何度か述べてきたが、顕象界の背後には、潜象界が存在している。幾層にも重なり合った潜象界が存在しているのである。

松代群発地震に伴う発光現象でその関連を考えてみたい。

まず私がこれまで視てきた潜象光と地震に伴う発光現象の違いについて述べる前に、栗林氏が見た発光現象の具体的な状況を、同氏の記録から要約してみる。なお、より詳しい内容は巻末にまとめたので、ご興味の向きは参照されたい。

（1）最初、発光当時は照明弾様の物凄い輝白色の輝きを放ち、順次、上層部より淡灰黄色を帯びて、約4秒ほど経つと、80パーセントほどに減り、次に上下二つになり、16秒ほど経つと、輝日色部は急に下層部に移り、山の稜線上に約3分の1に減り、最上部は灰白色となり、その上の方は淡黄色になった。また皆神山中央に饅頭様の光が突然出現した。

（2）皆神山、地蔵峠、ノロシ山一帯の約1・5キロメートルにわたって、朝焼けとほとんど同じくらいの、素晴らしく美しいピンク色一色の発光があった。

（3）象山、妻女山、笹ノ井市一帯の幅6キロメートルにわたって、76秒間発光した。この時は、白色のガラス戸が真っ赤になったほど、物凄い夕焼けのような真紅の空になった。

（4）愛宕山、尼飾山、奇妙山、立石、皆神山、ノロシ山一帯に、白い蛍光灯の一色に発光した。最も明るかったときは、満月の3倍くらいの明るさであった。この状態は約40秒続いた。このうち15秒ほどは、何ともいわれない美しい明るさであった。

（5）立石より南方の堀切山上空一帯にかけて、幅約2キロメートルにわたり、青みがかった蛍光灯のような色の発色があった。このときは発光時間も長く、約1時間半も光っていた。

（6）皆神山山頂の献灯方向に、9尺くらいの明るい火柱が立った。真っ赤な色で、上は筆の穂先のような形をしていた。この発光は約15分間続いた。

（7）皆神山左に火事のような赤い色で、その上部が黄色に見えた。幅は約1キロメートルで、10分間ほど続いた。

以上が、当時、松代町東條に住んでおられた栗林亨氏の記録抜粋の要約である。

この報告書は、「地震に伴う発光現象に関する調査報告（第一報）」（安井豊著）地磁気観測所要報第13巻1号別刷（一九六八年九月）に、写真、スケッチ、要約解説、所見を含めて、報告されている。

この報告書は専門家の立場から纏められており、客観的に編集してあるので、事象を正確につかむにはこの方がよいかも知れない。

しかし私が栗林氏の報告書を参考に選んだ理由は、同氏の報告書が肉筆で書かれており、夜半に起きて、発光現象を観た状況を、つぶさに伝えていたからである。行間に何とはなしに世界で初めて発光現象を写真撮影できたという喜びや、新発見に挑む意欲などが感じとれたからである。心から同氏に敬意を表するものである。

地震に伴う発光現象の実態については、こうして明らかになったが、このことはこれまで私が視てきた潜象光とどんな関連があるのであろうか？　まず、両者の共通点と、相違点とを調べてみることにした。

まず第一に挙げるのは発光現象そのものが、従来の科学では説明できない光であることである。なぜ発光するのか説明できない光、原因不明のミステリアスな光なのである。

次に光の色であるが、発光のはじめは相当に明るい白色光であること、次いで赤、橙、黄色、ピンク、青白色等の色彩が観測されている。松代群発地震では報告されていないが、緑色の発光があったことが昭和四十三年二月宮崎県えびの市地震の際記録されている。（松代群発地震記録／長野市教育委員会編）

安井豊氏の調査報告書の中には、南日向灘地震（一九三一年十一月二日）の際、別府湾内では幕状に光り、その中に数本の火柱が立ち、日向灘の震央付近でも、海震と同時に火柱が立った（武者金吉氏）という記述がある。

松代群発地震の際も、一例であるが、火柱と見える光柱が報告されている。

なお、松代の場合、発光の最初に、ドーム状の白色光が観測されている例が幾つかある。このドーム状、あるいは球状の発光には、赤色、オレンジ色、あるいは中心が赤紫色で、周囲が白色のものも、観測されている。

一方、私がこれまで視た潜象光であるが、『十和田湖山幻想』に書いているように、虹の七色がすべて視えている。ただし、山によって、その色はそれぞれ違っているのである。また、立ちあがる潜象光という表現を用いて述べているのは、潜象エネルギーの強い場所では、地上から上空に向かって、火柱のように立っている光柱（潜象光）のことである。光柱（火柱）といっても、ここで見えている火柱とは違って、規模は遙かに大きく、持続する潜象光である。

この立ちあがる潜象光には、単体で大きなろうそくの炎状になるもの、（宮城県宮崎町の宝森）、幅広く立ちあがるもの、その中に多数の渦を含んでいるもの（山形県秋田県境の鳥海山、青森県の岩木山、岩手県の早池峰山等）、一つの山で数條の立ちあがる潜象光のあるもの（山形県の月山、宮城県の金華山等）など数多い。

これまで、主として東北地方を主体に調査したので、このような山を挙げたが、本書に述べたように、中部地方の各山にもこの種の潜象光を放っているものが多い。

一般に霊山と呼ばれている山々にはこのような潜象光が多く視られる。これらの山々や、これらの山から潜象光を多く受けている地域や神社には、漂う潜象光として、説明しているもう一つの潜象光がある。この潜象光は横または斜めの方向に幾層にも重なって、オレンジ色、黄色、赤色、ピンク系紫色などが視える。

層を成さないで視界一杯に広がって視える潜象光には、黄色一色とか、明るい赤色一色、あるいは紫色（淡い紫色の例は山形県赤倉温泉の方から視た大森山があり、鮮やかな紫色は静岡県焼津付近の花沢の里）等がある。

これらの潜象光は、地震に伴う発光現象のように、何十秒か経つと消滅するというようなことはない。視る季節、時間帯などによって、変化することはあるが、日中であれば、まったく消滅することはない。

ただし、人為的に呼び込んだ潜象光（例えば祝詞をあげることによって呼び込んだ潜象光）は、その条件がなくなれば、消滅してしまう。

それから、もう一つ、地震に伴う発光現象と異なるのは、潜象光はほとんど昼間視える。夜視えることも無いではないが、一般的には昼間しか視えない。夜間視えた例としては、出羽の月山がある。

これに対し、地震に伴う発光現象は夜間に限られている。これは当然といえば当然である。光の明るさが明るくても満月の3倍位であれば、昼間明るいときには観えないであろう。でも、もしかしたら、この発光現象は昼間でも発生しているのではないかと思われる。周囲が明るすぎて、観ることができないのではないかと思うのである。

発光現象そのものは、肉眼で見える光（顕象光）であるから、目を閉じて視る潜象光とは異なっている。

もっとも、潜象光の中でも目を開いたままで視える光もある。例えば人の体を包んでいる光輪とか、光背とか呼ばれているものがそうである。天使の絵とか、仏像にみられる光輪は作者がそれを視て描いたり、彫刻されたものであろう。この光、なぜか、眼を開いたままで視えるのである。であるから、肉眼で見えていると思いがちであるが、実はこれは心の目で視ているというのが正しいと思う。

私が視た一つの例は、青森県黒石市の「こみせ」のところで、津軽三味線奏者の一人が演奏中、佳境に入り無心になって弾いていたとき、淡く柔らかい金色の潜象光がその身体を包んだのを視たことがある。この時は、眼を開いたまま視た光であった。この潜象光は、演奏が終わるとすーっと消えた。

神官や僧侶でなくとも、その人の心の状態によっては、誰でもこの光（普通オーラと呼ばれている）は現れるのである。

このような人に現れる光（オーラといわれるものも含めて）を視ることのできる人は世の中に沢山おられる。私自身は、意識してこの光を視ることはあまりない。時々、視せられることはあるが、自分で意識してみることはしないのである。

このように、潜象光と地震に伴う発光現象の光とは、異なる点が多いのであるが、共にこれまでの物理学では説明できない光である。

地下二千メートルでの発見

松代町では、群発地震のときに、２００メートルのボーリング調査を行っているが、地震が一応終息した後、さらに２０００メートルの深層ボーリングが行われた。深層ボーリングを実施した理由は、震源の深さが、深いもので十数キロメートルであったが、1～2キロメートルの比較的浅い所に震源があったものが、かなり多かったためである。

このボーリング調査の結果を見て、私の注意を惹いたものがあった。それはボーリングによって採取された地層の柱状図である。

この柱状図は、表土、砂礫、ひん岩、砂岩、頁岩、温泉自噴層などが、地下深く掘って行くに従って、現れているのであるが、地下１４００メートルから１６００メートルぐらいまでは砂岩である。その下には石英閃緑岩が２００メートルほどの層になっているのが判明したのである。そしてその間には、数多くの破砕帯があった。

このボーリングは、松代町にある国民宿舎の敷地内であるので、皆神山とは少し離れているが、地下深いところではほぼ同様とみて、話を進めることにする。

註　地表に近いところでは、少し離れただけで、地層が違ってくることは良くあることなのであるが、ここまで深くなると、ある程度の範囲で、断層がない限り、同じであろう。

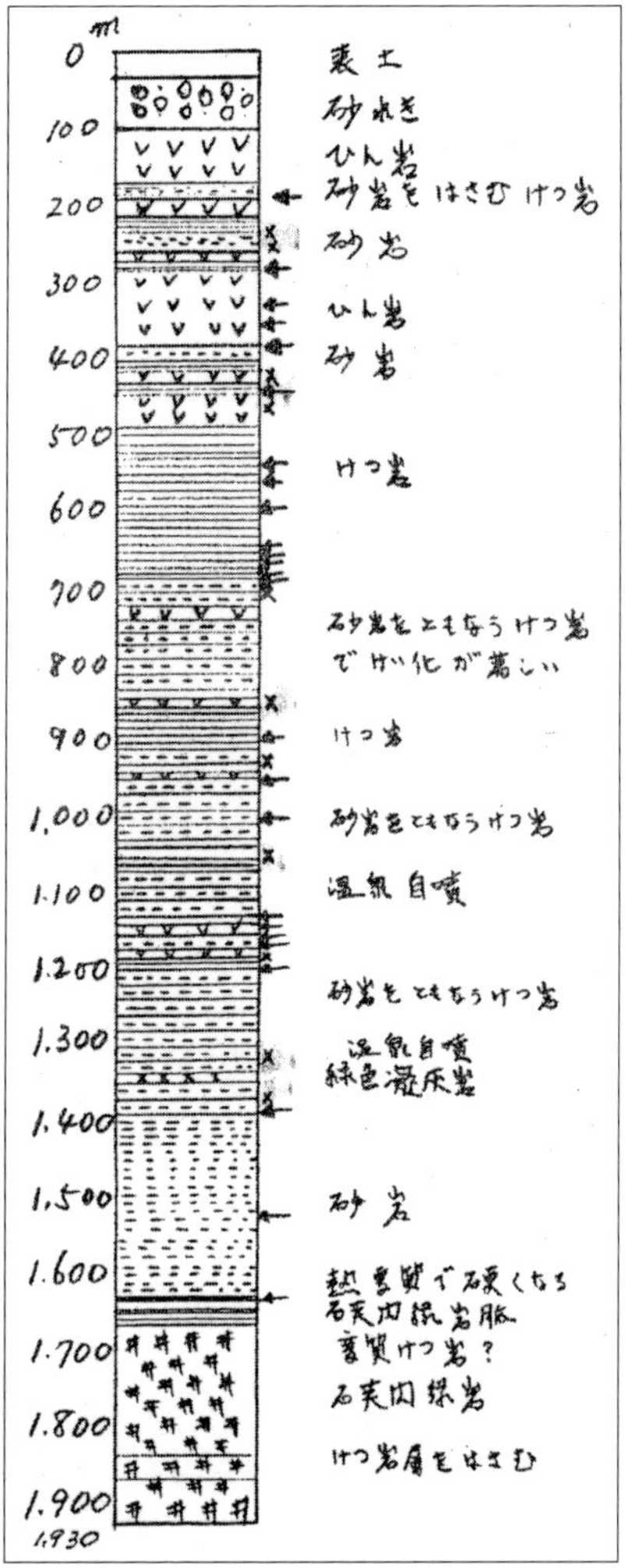

ボーリング調査で採取された地層の柱状図
（松代地震センター提供）

私は『十和田湖山幻想』のなかで、秋田県鹿角市大湯のストーンサークルを構成している石が、ほとんど石英閃緑ひん岩であることを知ったが、ここでもまた、同種の石英閃緑岩に出会うことになったのである。

ストーンサークルでは、潜象エネルギーを集めるために、石英閃緑ひん岩を使用していたと思っているが、ここにある石英閃緑岩もまた、同じように潜象エネルギーを集める作用をしているのであろうと思えるのである。例え、地下深くであっても、その作用に変わりはない。そして、潜象エネルギーは地下深いところであっても到達するのである。

なお、１４００メートルから１６００メートルぐらいまでの砂岩層にも、相当量の石英が含まれているのである。

これら幾つもの石英を含んだ岩層には、潜象エネルギーが蓄積され、その圧力が高まって限界に達したとき、潜象エネルギーの放出が始まる。それが地震や発光現象と関連があるのではないかと考えているのである。

発光現象は皆神山だけではなく、周辺の尼厳山（尼飾山）、奇妙山、地蔵峠などにも発生していることを考えると、この石英閃緑岩の地層は岩頭露出など、この周辺かなり広い範囲に亘って、分布していると考えて良い。

なぜ、石英閃緑岩層や、砂岩層など、岩石英岩層に潜象エネルギーが蓄積されると、そのエネルギー放出の際、発光現象を伴うかというメカニズムについては、後ほど検討することになるが、ここではとりあえず、発光現象は、石英閃緑岩層や、砂岩層と関連があることを述べておく。

もう一つ、さらに大きなことは、群発地震の震源が、砂岩層や石英閃緑岩層のある深さ、地下1キロメートルから2キロメートルのところで、頻発していることである。群発地震は4キロメートルから5キロメートルのところに、最も多く発生しているが、この深さまでのボーリングはなされていないので、この付近の地層の状態は不明である。

いずれにしても、これらの地層は地震の巣——地震発生源——なのである。この辺でなぜ地震が頻発したかについて、検討してゆくことにする。

松代群発地震の震源は一定ではなく、各所に移動しており、その移動の範囲は、かなり広範囲に亘っている。従って、砂岩層と石英閃緑岩層は、地下深く、廣く分布しているのであろう。

また、このボーリングの柱状図を見ると、地下200メートルから1400メートルの間にも、何層もの砂岩層が存在している。

このボーリングの結果から、地下数百メートルから２０００メートルの間には、石英を含む砂岩と、石英閃緑岩の層が幾重にも重なっており、そこには大量の潜象エネルギーを蓄えることができるのである。

また、数多くの破砕帯が発見されている。実に25個所もの破砕帯が発見されている。この破砕帯は岩層が振動した結果、破砕されたものと考えられるのである。

この石英を含む岩石層と地震発生の因果関係を、現代の科学で推定するのは難しいが、潜象エネルギーという新しい考え方を導入すれば、分かり易いのである。石英には潜象エネルギーを蓄積する能力がある（あるいは、潜象エネルギーが溜まりやすい結晶である）と考えるのである。

石英（水晶）の振動と発光ダイオード

石英（水晶）は、電気的な振動をすることで良く知られている鉱物である。例えば、一般的な物理現象として、水晶はピエゾ効果（結晶に力を加えることによって、電気分極を生じ、帯電する現象）で、電気分極をすることによって、分極方向には伸び、電解方向には縮むという性質がある（『静電気ハンドブック』高分子学会編）。伸び縮が起これば当然振動になる。そして、その厚みやカットの仕方で振動数を変えることができ、この性質を利用して、多くの水晶発振器が実用に供されている。

この石英は電気だけでなく、潜象エネルギーも吸収したり、放出したりすることができる性質を有していると考えて良い。

私はこのように考えるのであるが、この考えとは別に、現代物理学的なアプローチでも、注入エネルギーのことを除けば、この問題の一応の説明はできる。それは、水晶発振器の原理からの説明である。水晶片に電圧をかけると水晶片が曲がるのであるが、この性質を利用して、振動を発生させるのである。

砂岩や、石英閃緑岩に含まれる石英の結晶は小さなもので、発振器に使われる水晶片とは大きさも形状も違う。しかし、『十和田湖山幻想』のなかで、雲の中に発生した微小な渦の集合が、竜巻・トルネードの発生原因であると説明したように、小さなものの集積は、全体としてあたかも一つの大きな形のものと、ほぼ同じ現象を起こすものである。

この何層もの砂岩層や、石英閃緑岩層が、振動したために群発地震となったと考えられるのである。

その背後には、潜象エネルギーの蓄積や、放出があったとしても、それが電気的エネルギーに変換されたと考えても良い。つまり、水晶発振器の振動と同じく、数十メートルという厚みの水晶発振器が、皆神山の地下にあって、それがその厚みと広さに見合った振動を発生させたのであるという考え方をするのである。

通常の電気機器の発振回路に用いる水晶片の厚みは、非常に薄い。それは非常に高い振動数を創るためである。

ここの岩層のように数十メートルとか、数百メートルという厚みでは、振動もゆっくりしていて、様子は大分違ってくると思う。それに、地震が大きかったり、小さかったりしたのは、この自然の巨大水晶発振器に加えられる潜象エネルギーが一定ではなかったのであろう。

一方、潜象エネルギー的立場からも、含石英岩層の振動という考え方は同じである。皆神山独自でも、周辺の山々独自でも、それぞれの地下に砂岩層、あるいは石英閃緑岩層が大きな板状になって横たわっていれば、それが振動板として成立するのである。

この巨大な地下の振動板に振動を与えるのが、潜象エネルギーが電気的エネルギーに変換されたものなのか、潜象エネルギーそのものなのかは、今のところ判らないが、いずれにしても、その元となるのは潜象エネルギーと考えられるのである。それ以外にこの岩盤を動かすためのエネルギーは無いからである。そして、その流入した潜象エネルギーが、何等かの条件下で、震動という顕象エネルギーに変換されたのであろう。

ではなぜ、あの時期だけ、この岩層に潜象エネルギーが蓄積されたのであろうか？

現在でも岩層の状態が変化していなければ、これらの岩層は今でも振動が発生してもおかしくない筈である。ここでは、今でも実際に無感地震が年間数百回記録されている。

２０００メートルのボーリングで採取された資料の中には、今回の地震で破砕したと思われる岩石片も含まれていたことから、含石英岩層が群発地震の度に一部破砕され、そのため振動の条件が変わり、次第に震源地が、別のところに移動していったとも考えられる。

群発地震の際のみ、これらの岩層が異常に振動していたとすれば、この時期、特別な潜象エネルギーの流入があったことになる。しかし、その時期、この周辺には、気象学上、あるいは地層、地盤の変動、火山活動などが顕著に観測されたということはないようである。

一番判りやすいのは、地下マグマの上昇であるが、報告書の上では、マグマ上昇に伴う地震と断定できない報告となっている。一応は地下マグマの上昇が原因ではないかという判断も示されてはいるが、１００パーセントそうであるとの断定にまでは至っていない。

特に、震源が地下二千メートルとか、千メートルのところへマグマが上昇してきたという痕跡はない。

火山活動に伴う地下マグマの上昇が地震の原因になることは多いのであるが、松代群発地震の場合、そこまでの顕著なマグマ活動はなかったのである。

では、砂岩や石英閃緑岩層板に震動エネルギーを与えたものは一体どこから来たのであろうか？

まず考えられることは、皆神山と潜象エネルギー的に関連のある山々、乗鞍岳、奥穂高岳、御嶽山、浅間山（前掛山）、八ヶ岳、経ヶ岳（木曾山系）等からの潜象エネルギーが、その時期だけ急激に増加したのであろう。

これらの山の内、二つ以上の山の活動が盛んであれば、その可能性は充分にある。なぜ二つ以上かというと、例の三角波の原理である。

一つの山でも潜象エネルギーが強ければ、この可能性がないとはいえないが、エネルギーが合成される方が、地震につながる可能性は大きい。


このように、地震発生源としての含石英岩層の振動を考えてみたとき、電子回路では水晶振動子の屈曲振動を用いることを考えると、この場合も、含石英岩層の屈曲振動によるものではないかという発想が湧いてくるのである。

この屈曲振動は、振動モードとしては、もっとも判りやすいものである。例えば、平たいアクリル板を下から上へ押し上げると、上の方へ曲がる。押すのを止めると下へ戻る。アクリル板はこれで終わるが、エネルギーを得た含石英岩層は、上下に何度も振動する。加えられた力の大きさで、その振幅は違ってくる。またその周期は岩盤の大きさ、厚さで決まってくる。

砂岩と石英閃緑岩とでは、石英の量も違うし、硬さも異なるので、決して一様ではないにしても、下部からこのような圧力が加わると、岩盤自体が振動することには変わりはない。松代群発地震は、一時期、震源の深さが1～2キロメートルのところのものが多かったので、深層ボーリングをやり、岩盤の調査をすることができた。そして原因究明の鍵を見つけることができたのである。

発光現象については、まず一般的な考え方として、電気で使うコンデンサ（蓄電池）に、電気が一杯に充電されて、それが放電される状態に似ているので、最初は、潜象界のエネルギーが山に蓄積されて、それが放出されるという風に考えていた。そしてその仕組みであるが、皆神山を一方の極とし、周辺の山々をもう一つの極として、エネルギーが放たれるのであろうと考えたのであるが、発光現象の写真を見ると、そうとはいい切れないことが判った。

例えば、皆神山の頂上付近に、ドーム状の白色光が現れているのは、皆神山単体で発光していることになる。尼飾山、奇妙山、地蔵峠一帯に発光した場合は、これらの山一帯の発光現象であって、皆神山は何も関係していないように見受けられるのである。

つまりこの場合は、これらの山々だけで発光現象は完結しているのである。

それぞれの山が、その地下に埋蔵している含石英岩層——砂岩層・石英閃緑岩層等——に蓄積されたエネルギーの放出の際、発光したと考えざるを得ないのである。

松代群発地震における発光現象（上下とも　松代地震センター提供）

この岩層に蓄積されたエネルギーは潜象エネルギーと考えているが、現代物理学の上からは、岩層に溜まった歪みエネルギーの放出という考え方もでてくる。あるいは、静電エネルギーの放出という考え方も出てくるであろう。現段階では、このような考え方でも説明できるので、こういう考え方も否定はしないが、最終的には、岩層に溜まった歪みエネルギーの元は、潜象エネルギーに遡ってしまうし、このように考える方が分かりやすい。

さて、砂岩や石英閃緑岩層に含まれる石英は微細なものであるが、数十メートルから数百メートルの厚い地層となり、かつ、広い範囲に亘って存在しているということになると、ここに蓄積されるエネルギーの量は莫大なものになるであろう。

またその色が異なっているのは、それぞれの山特有の元素を含んでいるかも知れぬし、それが色の違いを生み出しているのかも知れない。

ドーム状の白色光というのは、もっとも強く輝いた光であるが、私が視た山の潜象光の中にはない。白い色そのものは視ているがそれは白一色の光ではなかった。

私が視る山の潜象光によく似た発光は、「地震に伴う発光現象に関する調査報告書（第一報）」（安井豊著）にある写真5妻女山付近（12・Ｆｅｂ・１９６６）に掲載されている栗林亭氏の写真である。この写真は幾層にもオレンジ色とか、黄色とかが縞模様になびいているカラー写真である。

この写真は、夜間で周辺が暗いので、色彩もやや暗めに写っているが、発光の状態が良く撮れている。私が視る潜象光のうち、この現象に似たものは、漂う潜象光という表現でこれまで述べてきたものとよく似ている。

潜象光の場合、明るさはもっと明るく、眼前一杯に広がっていることと、オレンジや黄色がこれよりももっと幾層にも重なっていることが多い。

一方、皆神山の発光現象で、ドーム状の白色光というのは、潜象光としては視たことがない。この辺り、潜象光と似ている発光と、似ていない発光と色々である。

重要なことは、発光現象のとき、地震があってもその震源地の方向は同じではなく、60度や、180度異なることもあった。つまり、発光現象そのものは、そのときの震源とはほとんど関係がないことが記録されている。これはなぜであろうか?

全般的な見地に立って考えると、群発地震と発光現象とは関連しているとみるのが妥当である。しかし発光の方向と、震源地の方向は違うことが多い。

この理由は次のように考えられる。含石英岩層は潜象エネルギーにより歪みを受け、振動するが、それは群発地震の震源そのものとなる。

これに対して、発光現象を起こすものは、同じ潜象エネルギーであっても、振動を発生させるものとは波長の異なるエネルギーのようである。このことについては後ほど述べることにする。

この蓄積されたエネルギーが大きければ大きいほど、発光の規模や、光の強さ、および、継続時間は大きなものとなるのであろう。

赤、オレンジ、黄色といった色彩の違いは、その岩層固有の色とは言い切れない。というのは、同じ方向の発光現象でも、次に発光したとき、必ずしも同じ色ということはないのである。特に、縞模様になって発光していることは、岩層固有の色という考え方には合わないのである。

その理由は、発光の原因となった岩層が、異なっているものと思われる。地下には、岩板が幾層にも重なっているので、その中のどれかが発光に関わっていたのであろう。

潜象光の場合は、漂う潜象光が幾層もの色に重なっていることは多いのであるが、なぜこのように幾層にも重なっているかまでは判っていない。

潜象光、顕象光の違いはあっても、このように縞模様になっているのは、共通の何かがあると思われるが、この解析は今後の課題である。

最近は、パソコンや、テレビの画面表示には、液晶が使われている。この液晶に用いられているものの元は、水晶／石英ではないが、電気的刺激（エネルギー投与）が、発光の元であることには変わりがない。

液晶の前には、発光ダイオードがまず発明され、電気エネルギーを光エネルギーに変換する技術に先鞭が付けられた。最近は、道路の信号機にも発光ダイオードが使われるようになってきた。

この素子を開発されたのは、文化勲章を受けられた元東北大学学長の西澤潤一博士である。私はリニア・モータ・カー開発業務に携わっていた頃、先生の半導体研究所を訪れ、先生の技術開発に注がれている並々ならぬ情熱に驚いたことがある。当時、先生にお願いしたのは、発光ダイオードではなく、ＳＩサイリスタという素子の開発であった。この素子を使って、リニア・モータの車体を、磁石の力で浮かせるのに用いる電磁石の電流を非常に細かく制御することができた。この素子の質を揃え、メーカーで製造時の歩留まりを良くするのに大分苦労されたお話など伺った。また研究所内の実験装置はほとんど自力で作られたとのことであった。今でも尊敬している方々の一人である。

トランジスターには半導体が使われる。この半導体の主体はSi（シリコン）とかゲルマニウムである。半導体（発光ダイオード）で、どうして発光するかというその仕組みは次のようになっている。

半導体が高いエネルギー状態になっていると、この高いエネルギー状態にある電子には、一定の寿命があって、元の低いエネルギー状態に戻る。このとき、光子を放出する。これが発光である。つまり、高いエネルギー状態から低いエネルギー状態に戻るとき、余分のエネルギーを放出するのである（『光エレクトロニクスの基礎』宮尾亘　平田元共著　日本理工出版会）。

ここで注目すべきことは、発光ダイオードは低電圧、低電流で駆動できるということである。ほんの少しの電気で発光するということは、発光現象の説明には有力である。

この発光は、半導体の構造によって、直接型と間接型の二種類に分けられる。詳しい話は省略するが、半導体の中で、シリコンを含んだものは、間接遷移型の発光をする。

そして、不純物の種類や、混入量を変化させることにより、色々な波長（つまり、いろいろな色）の発光ダイオードを創り出すことができる。実際に発光ダイオードとして創り出されているものには、Ga（ガリウム）系のものが多く、色の変化も多い。

これはガリウム系のものの方が、シリコン系のものより素子内の電子の動きが数倍速いからである。しかし効率の良さを別にすれば、シリコンでも可能と思われる。

私が視る潜象光には、黄色、オレンジ、赤色、紫色等が多く、これらの色は、発光ダイオードでは、ガリウム系のものがほとんどで、シリコン系のものではない。シリコン系のものの中にはSiC（炭素とシリコンが結合したもの）で青色を出している。今のところ、石英そのものを使った発光ダイオードは無い。

発光ダイオードは顕象エネルギーであるが、同じことが潜象エネルギーにも適用できると考えると、潜象エネルギーが顕象エネルギーに変化する際の状態、つまり、高いエネルギー状態（潜象エネルギー）から、低いエネルギー状態（顕象エネルギー）に変わるとき、余分のエネルギーを放出するのが、発光現象となっていることになる。

このとき、潜象エネルギーとしては、潜象光の波長のものが、より低い周波数のエネルギーつまり顕象エネルギーの色となって、発光するのである。

地震の原因としても、潜象光と同時に、より波長の長い潜象エネルギーも同時に放出され、それが群発地震のエネルギー源となったというように考えることもできる。

話を少し戻して、皆神山付近地下の地層で考えると、トランジスターや発光ダイオードを作る際に異なる層を重ねるが、群発地震の時期には、地下１０００~２０００メートルの間に、幾層にも重なる含石英岩層によって、これと似たものが自然に作られていることになる。

発光ダイオードのp型、n型ではないが、砂岩層と石英閃緑岩層などが、重なって存在するとき、二つの半導体を重ね合わした発光ダイオードと、似た現象が発生しているのであろう。つまり、自然が創りだした巨大な発光ダイオード構造になっている可能性があるのである。

シリコンを使った発光ダイオードの場合、表面を酸化させて二酸化珪素にすると絶縁ができるので、シリコンの表面をこの二酸化珪素で覆ってしまう。（半導体　ナツメ社）

この二酸化珪素（SiO_2）というのは、分子式上では石英と同じである。具体的にこの両者を比較できないので、これ以上のことはいえないが、分子式を眺めていると、ここの含石英岩層が発光ダイオードの構造に似ているように思える。

あるいは、含石英岩層の振動の際、岩層の歪みによる岩層間に溜まったエネルギーが放出されるが、そのとき、発光現象がみられたのではないかと思われる。

この歪み是正というか、エネルギーの放出が、地上に現れたものであるため、コンデンサの放電（過渡現象）のように、エネルギー放出の直後が最も明るく、場合によっては、白色光になり次第に放出エネルギーが少なくなるにつれて、発光も弱くなっていったのであろう。

発光ダイオードでは常に電気を供給しているので、発光が持続するが、ここの場合流入エネルギーの供給が止まると、岩盤の保有エネルギーがなくなってしまう。

数十キロメートル地下のマグマの活動とは関係なく、群発地震の震源としては、１０００～２０００メートル地下の砂岩層や石英閃緑岩層の振動であり、発光現象の元となっているのは、含石英岩層の重なりであると推定できるのである。

このように考えると、何も潜象エネルギーを持ち出さなくても、説明がついてしまうようであるが、決してそうではなく、基本的には潜象エネルギーの流入があって、それが含石英岩層に溜まり、次いでエネルギーの放出が行われ、発光にいたると考えるべきであろう。

単なる水晶片の振動と違って、巨大な岩層が本当に振動するのであろうか？

この話を裏付ける話に出会った。水晶発振器を使った最もポピュラーな製品は腕時計である。ゼンマイ式腕時計から、この水晶片の発振器を使うことによって、その精密さは飛躍的に向上した。最近では、一年間に数秒しか狂わない腕時計が普通になってきている。ＮＨＫのテレビ「プロジェクトＸ」に登場したのは、この水晶発振器を用いた日本の腕時計開発の物語である。

このなかで、一つ興味ある発明の糸口を紹介してあった。それは、腕時計なので小型、軽量化が大命題なのであるが、なかなかうまく行かなかった。小型化のために水晶片を小さくすると振動数が高くなり、電気を余分に食うし、また薄いと壊れやすいことにも繋がり、試行錯誤の繰り返しで、なかなか製品化ができなかった。苦労している内に水晶片をU字型にすることを思いついたそうである。それは開発の担当者が、たまたま、友人が用いていた音叉を見たのが、ヒントになったそうである。音叉はU字型をしているが、これと同じように水晶片を曲げれば、二倍の大きさの振動片を用いることができることに、気が付かれたのである。それがきっかけとなって、製品化に成功されたという苦労話であった。

何でもそうであるが、新しいものを開発するときには、周囲から白い目で見られたり、反対を受けることが多い。残念ながら、日本は特にこの傾向が強い国である。この会社では、開発のための人材集めから、難航したことも伝えていた。どこの大学へ行っても、卒業生を送ることを断られ、最後に辿り着いた静岡大学で、やっと電気工学の学生を確保できたとのことであった。

何年もの苦労の末、やっと水晶発振の腕時計が出来上がったときには、このプロジェクトを推進された方は、完成を見ずに他界されたそうである。さぞかし残念であったろうと推察される。

テレビを見ているうちに、私が磁気浮上のリニアモータカーの開発に携わっていたときも、似たようなことがあったのを思い出したのである。リニアモーターカーの技術開発のリーダーだった中村信二氏も完成を見ずに他界されている。

この「プロジェクトX」を私が見るきっかけとなったのは、写真の友人の話からであった。彼は、「なぜ、プロジェクトXに出ないのですか」と訊ねられた。このテレビを見る一週間ほど前のことで、もし、こんな話題が出なかったら、この番組を見過ごしていたかも知れなかった。タイミングの良い発言であった。私はとっさに返事できなかったが、少し間をおいて、もし私なら本に書きたいと答えた。

別にNHKから声が掛かったわけではないから出演ということにはならないのであるが、三十分や一時間の番組の中では、語り尽くせない出来事が幾つもあったことが、脳裏に閃いたからである。定年退職後、私はこの開発からは一切手を引き、潜象物理学の解明に専念していた。そして、リニアモーターカーのことは忘れることにしていたのである。それほど色々なことがあったプロジェクトだったのである。

腕時計開発の際の人材確保の難しさは、幸いにして、私の場合はかなり幸運に恵まれていた。アメリカでパイロット養成の訓練所を開設する仕事の前は、技術系職員の定員計画や、組織を担当していたが、技術系の人材採用も仕事の一つであった。当時は、学生運動の最も激しい時代で、東京大学の安田講堂事件のあった頃である。校門のところはバリケードで入れず、裏門の方から教授の所へ学生派遣のお願いに行ったこともあった。

主だった大学、高専、工業高校を訪問し、学生の推薦をお願いして歩いたのである。リニアモータカーのプロジェクトに参加した私の最初の仕事は、人材の確保であった。社内の各部門からの人材派遣を依頼して歩いたのであるが、ある程度の人材が集まった。その中には、昔採用した人達が何人もいたのである。この仕事のために採用したわけではなかったが、結果としてそうなったのである。

群発地震や発光現象を起こしたもの

この折り曲げた水晶発振器の話は、石英閃緑岩層の話に通じることだったのである。どんな形状であれ、連続した面があれば、それが多少波打っていても、斜めになっていても、発振器としては有効であることになる。

もちろん、形状によって、発振周波数は変わるのであるが、エネルギーさえ投与することができれば、振動するのである。腕時計に使う水晶片の原理を、厚さ50メートルから200メートル、幅、長さがそれぞれ数百メートルから数キロメートルの大岩板に適用することができるのかと、疑問は湧くのであるが、決して無理ではないと思うのである。自然界の法則は、形の大小には関係なく、普遍なのである。

例えば、航空機を設計するとき、風洞実験を行う。これは設計した機体や、翼の小さい模型を作り、風洞の中に入れて、空気抵抗や、気流の流れ、渦発生の状況などのデーターを集めるためである。実際には、飛行機が飛んで空気の流れや、渦が発生するのであるが、実験では飛行機の模型を風洞内に固定し、その中に高速の空気を流入させて、相対的に飛行機が飛んでいるのと同じ状態を創り出すのである。この実験で得られたデータを基にして、機体が製作される。

航空工学の権威であった木村秀政博士（元日大教授）のお供をして、フランスのパリーにある空港でのエアショウを見に行ったことがあるが、新しい試みの航空機が展示されていた。その中には、高速時の衝撃波の発生を遅らすために、普通の航空機の後退翼とは反対に前進翼といって、翼の先端が前に突き出しているものが珍しかった。

木村秀政博士には、後年、図らずも、運輸省内でのリニアモーターカー（ＨＳＳＴ）の技術懇談会でお世話になった。この会議は懇談会とは名ばかりで、いかにしてＨＳＳＴ技術の中味を、当時、競合関係にあった各社に公開させるか、あるいはこれを潰すかということに、目的があったようだ。

この会議の中で、運輸省や、ＪＮＲの力を恐れて、ＪＡＬの委員も含めて、委員のほとんどが反対の立場に立ち、孤立無援の形であった私の立場を、先生は、唯一支持して頂いたのである。

温厚な先生のどこに、このような強いフェアープレイの信念をお持ちだったのかと、驚きと感謝で、胸が一杯になったことがあった。

なお、数年後には、運輸省も態度を一変し、ＨＳＳＴの実現に協力して頂けるようになった。


また、『十和田湖山幻想』（今日の話題社）のなかで述べた「トルネード・竜巻の発生原理」が、ストーンサークルの解明に役だったように、ここでもこれと似た発想が可能なのである。

リニアモータの中で、何が起こっているかというと、モータのコイルに電流を流すと、二次側に微小な渦電流が無数に発生し、磁場ができる。誘導磁場というのであるが、これが一つに統合されて大きな磁場になり、モータの推進力が生まれるのである。

砂岩や石英閃緑岩というのは、純粋の石英だけでできている岩ではなくて、小さな石英の粒子が岩の中に散らばっている構造になっている。その小さな石英粒子が沢山集まって、一つの岩板（つまり石英板）としてまとまり、大きなエネルギーを持つ構造物になると、考えてもおかしくはないのである。

そして、この岩板に何等かの力が加わったとき、電気を発生させたり、潜象界のエネルギーがこの岩板に蓄積されたとき、振動が発生すると考えられるのである。純粋の水晶片に比べれば、極めて効率の悪い振動であるが、それでも振動するのである。

松代群発地震の際、震源地が地下一キロメートルから二キロメートル付近で、しかも、小さな連続した地震が発生したということは、この石英閃緑岩層あるいは砂岩層が、振動したと考えるのが無理のない話だと思う。そして、その振動エネルギーは何かといえば、これまで述べてきたことが自然な発想なのである。

時計に用いられる水晶片とは大きく違い、巨大な含石英岩層は、1秒間に何回とか、あるいは十数秒に1回というような振動になるのである。

松代群発地震の中には、震度Ⅳとか、震度Ⅴという大きな地震も何回か発生しているが、このような大きな地震になるときは、地下で岩板が一部壊れてしまうこともあったと思う。二千メートルボーリングで、多くの破砕帯が発見されているのは、その証左であろう。

また、震源地が移動していることは、加えられたエネルギーの集中地が移動したことになるが、この原因としては、岩層が振動によって破砕されたため、別の含石英岩層が振動するようになったのであろうと推測される。

友人の一言からテレビを見、こういう話に繋がったのである。

このように、何気ない友人との会話の中に、一つのヒントが隠されていたのである。腕時計開発の際の音叉の形状を応用するという発想と相通ずるものであった。このような発想はどこから生まれてくるのであろうか？　人が何か物事に打ち込み、集中しているとき、神の助けとでもいうべき閃きがあることは、誰しも経験のあることであろう。それは、湯殿山で光のページェントを視たとき以来、私の心の中に揺るぎない感覚として残っているのである。

東北の山に行って調査をしたとき、この感覚はことある毎に実感している。山に登ったとき、S氏はよくその啓示を受けられたこともあった。

そのことが、いわゆる四次元世界とは、決して判りにくい「時間軸を光の速度と掛け合わせて、一つの新しい軸として、四次元を構成していると考えている世界（縦、横、高さ、プラス時間×光速度）」ではなくて、これとは違った四次元世界つまり「縦、横、高さ」の三次元の世界が、幾層にも重なった世界、言い換えると、光の振動数よりも高い振動数の世界の重なりが、本当の高次元の世界であると考える元となったのである。

今回、皆神山周辺、菅平、塩田平など、この辺りの潜象光を調べ歩いた結果、至るところで強い潜象光が視えた。そしてそれらは薬師岳、飯綱山、乗鞍岳、穂高岳、御嶽山、浅間山、八ヶ岳などから来ていることが判った。

これらの発している潜象光は、ときによって、強かったり、弱かったりするものの、絶えず発生しているものである。また、秋田県のストーンサークルの所で述べたように、潜象光として視えるエネルギーだけではなく、もっと、波長の長い潜象エネルギーも発生しているのである。この波長の長い潜象エネルギーは、人間の視覚の範囲外であるから、目で見ることはできないし、目を閉じても潜象光としては視えない。目の視覚が光は見えるが電波は見えないのと同じである。しかし、波動エネルギーとして周辺に放散されているのである。これらの潜象エネルギーは皆神山周辺に集まっている。この辺りは、潜象エネルギーの集中する地域なのである。皆神山が昔から特殊な山、あるいはピラミッドといわれてきたのはそれなりの訳があったのである。

さて、これら潜象エネルギーは、多少の強弱はあっても絶えず放散されている。であれば、松代群発地震の時期だけでなく、それ以前にも、群発地震が発生していてもおかしくないのだが、この時期だけ群発地震が発生したのはなぜであろうか。

この謎を解く鍵は、前に述べた宮城県宮崎町宝森付近で発生した潜象エネルギーの赤い山の原理と同じ理由でエネルギーが倍加されたのであろう。この時期、前に述べた山々からの潜象エネルギーが一時的に強まったのであろうと思うのである。あるいは、思いもよらぬ所の山からの潜象エネルギーがこれに加わったのであろう。

　これらの潜象エネルギーが皆神山周辺で、三角波発生の原理で合成されて、巨大なエネルギーとなって、地下の岩盤を振動させたのである。

　この潜象エネルギーの強弱は火山活動と関連していると思われるが、ときにはそうでないこともある。よい例は、岩手県の岩手山である。火山性の微振動が続いていた頃、何度か岩手山の潜象光を視てみたのであるが、意外なことに潜象光の強さは普段とさほど変わらなかったのである。何度繰り返して視ても、同じだったので、この山のことは私の本の中には書いていない。ちょっと不思議なのであるが、そうだったのである。

　多分、潜象光そのものは、地下マグマの活動とはあまり関係ないのかも知れない。もしかしたら、この場合、潜象光の波長エネルギーではなく、もっと波長の長い潜象エネルギーと関係しているのであろう。


　いずれにしても、この時期、二ヶ所以上の強い潜象光を発している山からの潜象エネルギーが強まって、皆神山周辺で三角波現象が起こり、この地帯の地下岩盤に潜象エネルギーが大量に流入されたとみるべきと考えている。この潜象エネルギーが砂岩層なり、石英閃緑岩層に振動を発生させたのである。

このエネルギーは、岩層の固有振動数に近いか、あるいはその倍数の超長波の潜象エネルギーが流入したとも考えられる。振動数とは無関係に、波長が共振波長であれば、岩盤は振動するのである。

この流入した潜象エネルギーは、二種類の現象を発生させている。一つは、群発地震に伴う発光現象の原因となっており、もう一つは岩盤を振動させているのである。

前者の潜象エネルギーは潜象光なのであるが、これは高次元の光エネルギーである。しかし、顕象界の光よりも、もっと振動数の高い波動であって、それが含石英岩層中の微細な石英粒子に吸収されて、そこに誘導潜象磁場を発生させた。

それが発光現象を引き起こすエネルギーとなったのである。潜象エネルギーが通常私達が使っている顕象エネルギーに変わるとき、エネルギーのポテンシャルが下がるものと思われる。発光現象に関わるエネルギーは、元々その波長が同じものである。振動数のみが低くなって、顕象界の光の振動数に変化するのである。

一方、後者の潜象エネルギーについては、光の波長よりも、もっと長い波長のエネルギーであって、これは波長の短い潜象エネルギーと、同時に送られてきている。

含石英岩層は、誘導電流によって歪みを受ける。つまり岩盤が曲がり、それが反対側に曲がりという歪曲運動を繰り返すのである。この歪曲運動の連続が群発地震として、地表に伝わったという考え方もできる。

このように潜象エネルギーの流入が、一つは発光ダイオードの原理のようにして、発光現象となり、もう一つは、石英結晶板が電気的信号によって、振動するのと同じ原理で、岩盤の歪曲運動を発生させ、これが群発地震になったという考え方である。

潜象エネルギーの流入は必ずしも一定ではないので、多くの場合、振動はあっても、発光現象を起こさせるまでの余剰エネルギーの放出には、至らなかったのであろう。この辺がこれら二つの現象が同時には起こらなかった理由であると思う。

また、発光現象が群発地震の発生回数と、大きく違うのはこの理由によるものと思われる。

群発地震の震源が、一般的な火山性地震と違って、地下1キロメートルから2キロメートルの付近に集中していることは、その深さの所に存在している岩盤の振動以外には、考えられないのである。その岩盤の振動条件は何かと考えると、微小石英粒子の集合体が何等かのエネルギーを得て、振動したと考えるのが一番自然なのである。

そのエネルギーは何か？　それは潜象エネルギーしかないのである。それ以外に流入したエネルギーはないのである。群発地震の一時期、周辺の山々から皆神山を中心とする一帯に大きなエネルギーが集中したのである。

ロケーション的に皆神山一帯と、潜象エネルギーの発信元との相対関係は変わっていないのであるから、前回の群発地震で地下の岩盤が著しく破砕されていれば、条件が変わってきて、振動する岩盤が小さくなっていて、もし前回のような巨大な潜象エネルギーが到来しても、前回のような地震には結びつかないと思う。深層地下ボーリングではこれら破砕帯が多く見られるようであるが、依然として岩盤は残っているようである。従って、今後も規模は小さくとも、有感地震の可能性は否定できないと思われる。


震源の深さが1キロメートルとか、2キロメートルという極浅いところで地震が起きる理由をこのように考えたのであるが、その裏付けが何かないか考えた末、もう一度地震センターを訪問してみることにした。

前回は不在だった室長にもお目にかかれ、訪問の趣旨をお話しし、部屋にはいると今回も、春原さんと伊藤さんが資料の準備をしていただいてあった。若干追加したことについても、快く応対していただいた。その中でも、後で述べる極浅発地震（非常に浅いところに震源のある地震のこと）の立体模型を見せていただいたことは参考になった。

松代群発地震の発生状況に関する資料によると、震源の深さ別による発生件数は次のようになっている。

一九六五年八月は地下5㎞から6㎞のところが断然多い。それが九月、十月になると地下3㎞、4㎞のところが増えはじめ、その中心は4㎞のところで、50パーセント以上になっていた。十一月になると深さ4㎞のところが50パーセント以上であることに変わりがないが、深さ5㎞、6㎞のところの発生が減り、逆に地下2㎞、3㎞のところの発生比率が目立って増えている。

この傾向は、十二月になると、より顕著になり、一九六六年一月になると、これまでと全く逆になり、発生比率は地下1㎞が最も多くなっていた。その後、二月、三月、四月と地下1㎞から5㎞ぐらいまでのところの発生比率はほぼ同じようになってきていた。興味のあることの一つは、地下1㎞以内の地震も発生していることである。

同年十月以降は、地下1㎞以内の地震はほとんど発生していないが、2㎞、3㎞付近では、比率は低いが依然として発生しているのである。また十月、十一月、十二月で、発生比率の最も多いのは地下5㎞であるが、翌一九六七年一月、二月は、段々と深いところでの比率が増えてきている。そして、これまであまり発生していなかった地下10㎞から14㎞の間でも、相当数の地震が発生していた。しかしこの時期になっても、発生比率の中心は、地下４㎞、５㎞近辺であることに変わりはなかった。

以上を大きく纏めると、地震発生の最も多いところは深さ４㎞から５㎞ところであるが、前半の一時期、極浅い１㎞から２㎞のところに集中的に発生し、次第に深いところに移行しているのである。この原因を推定する資料がないので断言はできないが、恐らくこの深さのところにも、含石英岩層が存在しているのではないかと考えられる。

後半になって、なぜ、極浅いところを震源とする地震が減少したのであろうか。その答えを与えてくれたのは、２０００メートルの深層ボーリングのデータであった。

大岩盤は果たして振動するのか?

「地震計は一分間に四回のペースで、ジグザグ模様を描き出していたことになる」

これは、実際に発生した群発地震の第二期活動期の模様を記述した文章（「防災科学技術の技報」一九六六年十一月号）である。つまり、一分間に四回地震があったことを示している。この裏付けができないものかと考えた。

また、一九七〇年五月号には、松代深層ボーリング報告（地震防災研究室長　高橋博氏）が掲載されている。

この中には、深度0〜2キロメートルの地震発生回数分布図もあり、この図からは、皆神山、尼厳山、奇妙山一帯を中心として、極浅発地震が頻発していることが判るが、サンプルとしてボーリングのコアから取り出された石英閃緑岩《せきえいせんりょくがん》の中に、今回の地震で新しく破砕されたとみられる写真が掲載されていた。この場所は、地下1363〜1380メートルの深さのところである。

この他にも、破砕帯は幾つも発見されている。

ボーリングは一個所のみなので、他の場所のところは不明であるが、極浅いところの地震が急に少なくなったのは、度重なる地震で震源となっていた岩盤が、破砕されたためであろうと思われる。

前にも述べたように、私は極浅いところを震源とする地震は、このボーリングデータ（掘り出された地層探査サンプル）に見られるひん岩、安山岩、砂岩、玄武岩、石英閃緑岩などに含まれる石英へのエネルギー流入がその原因であろうと考えている。

ところで、このボーリングで判った数十メートルもの厚い岩層が本当に震動するのであろうか？

岩層の厚み以外に、どれほどの大きさかまったく判らないので、確かな証明にはならないのであるが、一応の目安だけはつけておきたいと考え、大胆な設定をして試算してみた。

その根拠は、『実用振動計算法』（小堀与一著　工学図書）および、『理科年表』（丸善）に拠った。

振動計算法の方で、代表的振動系の固有振動数の式で周辺固定正方形板の計算式を参考にし、これに用いられるポアソン比として『理科年表』の数値を参考にした。理科年表には、砂岩や閃緑岩のものはなかったが、中部地殻相当岩相（角閃岩相）のなかで、フェルシック片麻岩のポアソン比0・254を用いた。この角閃岩相の石英含有率は約70パーセントであり、砂岩の石英含有率約七八パーセントよりも少ないが、近い数値である。

対象となる岩層は、今回の地震で破砕されたと見られる砂岩層等、20メートルと50メートルの厚さで、一辺の長さが200メートル、500メートル、1000メートル、および3000メートルの周辺固定型正方形板として試算した。（ボーリングデータには、これくらいの厚さのものが何層も破砕されている）

この岩層内の速度は、群発地震発生域の深さ2キロメートル付近の地震波（P波）の伝播速度6㎞／sを参考にして、この値を用いた。また、この式の係数として、10・4の数値を用いた。

試算の結果は、以下のようになった。

第一例　一辺の長さ200メートルの正方形で、厚さ20メートルの場合、1秒間に約5回、50メートル厚のとき約13回振動。

第二例　５００メートル規模で厚さ20メートルの場合、１秒間に約１・２回、50メートル厚では１秒間に約２回振動。

第三例　１０００メートル規模では、厚さ20メートルの場合、約５秒に１回、厚さ50メートルでは約２秒に１回振動。

第四例　一辺の長さ３０００メートルでは、厚さ20メートルの場合、約44秒に１回、厚さ50メートルで17・５秒に１回振動。

もし、周辺固定型正方形板の条件を、周辺支持型に変えると、振動数は約半分になる。

岡田室長（気象庁精密地震観測室長）に見せていただいた地震波形のデータでは、一例として、１回の地震で数秒間約10回前後の振動が記録されており、これがあるインターバル（間隔）を経て、また発生しているといった記録が示されていた。

この地震波形のデータを見る前は、前に述べた報告書にある「地震計は一分間に四回のペースでジグザグ模様を描き出していたことになる」という記述は約15秒に１回の振動という表現であろうと、受け取っていたが、この波形データから見ると、１秒間に２～４回の振動ということになる。

試算例でいえば、厚さ20メートルで、一辺の長さが２００メートルの場合や、厚さ50

メートルで、一辺の長さが500メートルの場合などが、この値に近い振動であることを示している。

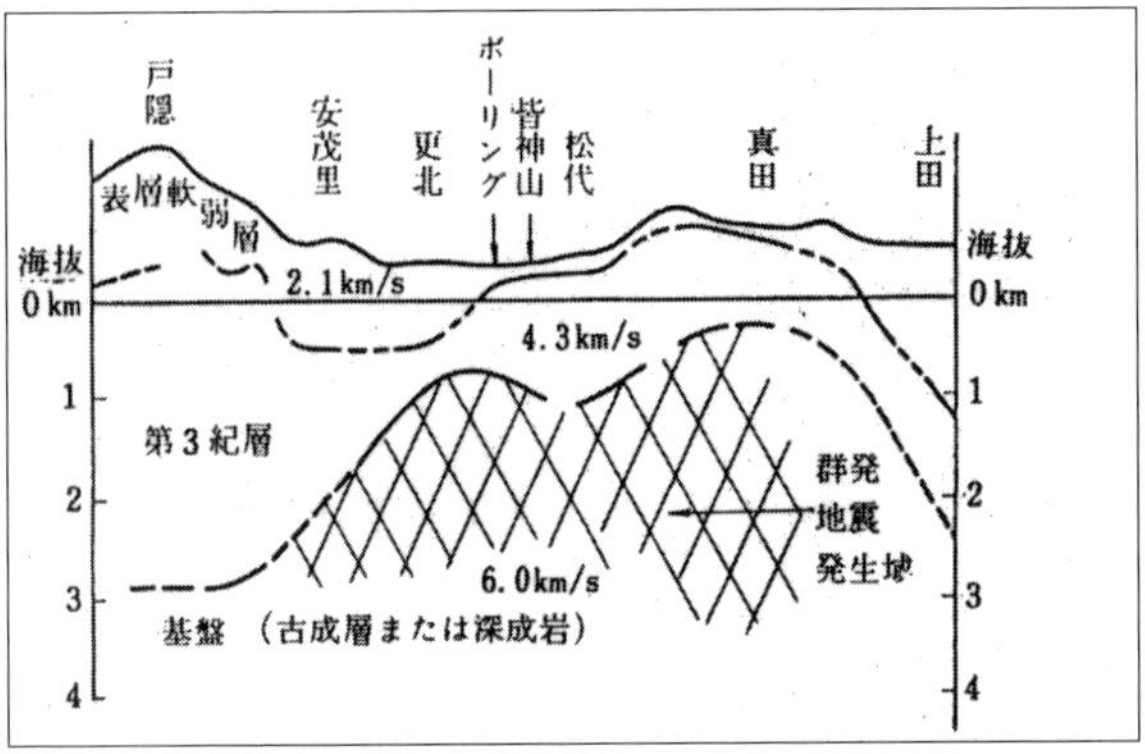

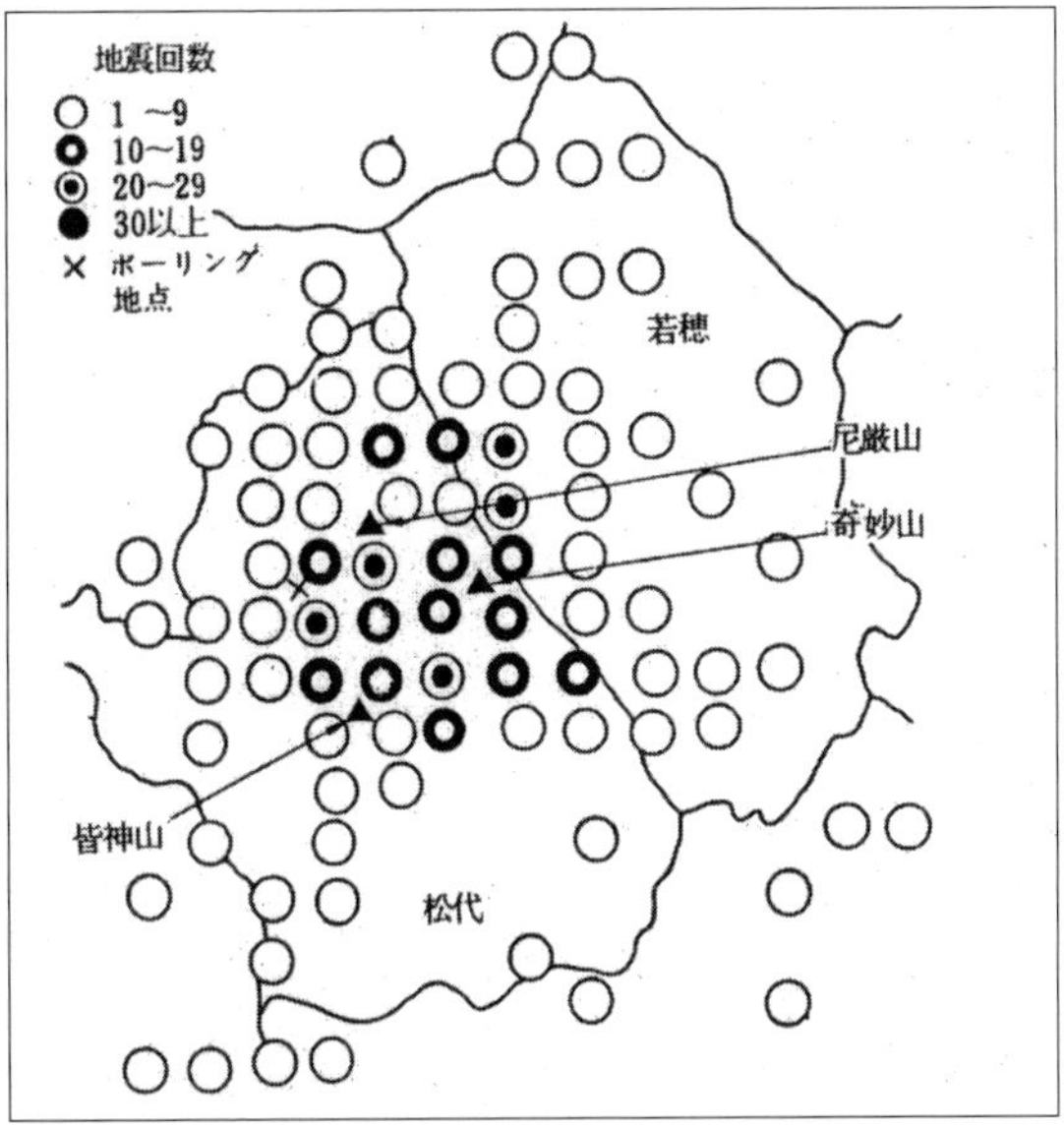

上：松代地震震源域地下構造断面図
下：松代町付近地震発生回数分布図

このように、地震センターで見せていただいたデータに非常に近い値になっているものもある。これはあくまでも、思い切った仮定の条件での試算であり、石英閃緑岩、砂岩の他にも、多くの岩層が存在するし、それぞれの岩層の厚みも違っている。また、支持条件も同じではない。これら岩層の厚みや、幅、長さはまったく不明であるし、岩層そのものは、上下を別の地層で押さえつけられているから、周辺固定型振動という設定が、絶対に正しいとはいわないが、固体の振動式に載せてみることはできたのである。

そしてその結果、極浅発地震が岩層の振動によるものという推論が成立する可能性が高くなったのである。

地震計が1分間に4回のジグザグ模様を、描き出しているというのは、数秒間約10回の振動を一つの塊とみて、このような振動が、1分間に4回発生したということになり、一回目の振動と二回目の振動との間隔が、12〜13秒ぐらいということになる。つまり岩層の振動に要するエネルギーの充填に10秒強掛かっていることになる。

このことは、流入した潜象エネルギーが、顕象エネルギーになって、振動という仕事をするための係数が、どれ程になるかについての糸口を与えている。今は仮定が多すぎて、数値を決めるわけにはいかないが、将来は、計測してその値を決めることができるものと思われる。

極浅発地震の発生場所と、発生件数を示す地図を見ると、皆神山、尼厳山、および奇妙山一帯が最も多く、同一場所を震源とするものが、10回から19回までのもの、20回から29回までのものが、この辺一帯に集中している。

このことはこの地帯で岩層が振動したとみても、おかしくない回数である。というよりも、岩層が振動したから同一場所で、20回とか、30回もの地震となったとみるべきであろう。

次に、この一帯で、震源の位置が少しずつ移動している理由は何であろうか?

恐らく岩層の振動によって、大きな岩層が幾つかに分割され、そのそれぞれがまたエネルギーを得て、別の振動をはじめたと考えられる。こうしてさらに再分割され、最終的には、有感地震としては感知しない程度の微小地震になったものであろう。今でも無感地震として続いているのは、これら再分割された岩層に、現在でも潜象エネルギーが流入しているためであろう。

そして、振動条件を決める岩層の状態が、振動の影響で破砕されたり、周辺の岩層支持の状態が変化するなど、次第に変わってきたこと、および、振動する岩層が違ってきたことが震源地の移動の主な原因であろうと思われる。

地下2キロメートル前後のところの地震の他に、地下4～6キロメートルのところを震源とする地震が非常に多かった。また、この付近での地震は震動が大きいことが多い。この深さまでのボーリングはなされていないので、実証することは難しいが、一つの仮説は立てられる。

さきほど、皆神山からやや北側のあたりを中心に震源とほぼ一致した地域の地下3～4キロメートルの付近に、直径4キロメートルほどの磁石のような強い磁気を持つ塊があることが判ったと述べたが、このこととの関連をもう少し詳しく考えてみたい。

記録によると、この付近を震源とする地震は、群発地震の最初から終息するまで絶えず発生しているのである。

また、長径1500メートル・短径800メートル・深さ200～400メートルの空洞（実際にはここに水が滲入している模様）が存在しているという調査結果も記されていた。

まず、磁石のように強い磁気を有する塊とは、一体どんなものであろうか？

一般的には、強磁性体の鉱物・磁鉄鉱等を多く含む岩盤があると考えられる。次に考えられるのは、石英を多く含む鉱物、乃至は純粋に近い石英岩層が存在すると考えられるのである。
しかし、鉱物自体が磁石である場合を別にして、唯それだけでは磁気は発生しないし、振動も起こらない。そこに何等かのエネルギーの流入があることが条件となる。その流入する未知のエネルギーとは、これまで知覚していなかった潜象エネルギーしかないのである。その潜象エネルギーが振動という顕象エネルギーに転化され、地震になったのである。

もう一つ、地下にある大きな空洞は一体どんな役割を果たしているのであろうか？

石英を多く含む岩層と、空洞の組み合わせは、私に『十和田湖山幻想』の中に書いた鹿角市大湯のストーンサークルを思い出させた。この環状列石を形成する組石はそのほとんどが、石英閃緑ひん岩であった。そしてその下には説明のつかない小判型の竪穴が掘られてあった。私はそれをマイクロ波で用いる空洞発振器と似た作用をする装置ではないかと考えた。つまり潜象エネルギーの発振（共振）装置であろうと考えたのである。

鹿角市大湯のストーンサークルは、万座遺跡と野中堂遺跡の二つの遺跡からなっており、二千個から三千個の大小さまざまな石を用いて造られている。この材料となっているのは石英閃緑ひん岩である。

このストーンサークルは見た感じは綺麗な二重構造の同心円の石造遺跡に見えるが、よく見るとかなり複雑な構造になっている。

それぞれの遺跡には、中央部に内帯組石と呼ばれる組石がある。そしてその外側には、外帯組石と呼ばれるものがある。

これを万座遺跡で見ると、内帯組石は12個の円形列石からなっている。つまり、12個のそれぞれが一つの小ストーンサークルを構成している。

外帯組石の方はさらに複雑になっており、これは16個の円形列石からできているのであるが、その中にさらに9個の円形列石があるのである。つまり9個の小ストーンサークルが集まって、一つの中ストーンサークルを構成し、それが16個集まって、外帯組石と呼ばれる外側のサークルが出来上がっているのである。

この万座遺跡の大きさは直径約25メートルの円形であるが、野中堂遺跡の方はこれより一回り小さくて、直径約22メートル程である。

野中堂遺跡の方は荒廃がひどくて、正確な原型図を描くことは困難であるが、万座遺跡にほぼ似ている。

これらの小ストーンサークルの中に、その地下を掘ってみたら小判型の竪穴があることが確認されている。この竪穴の大きさは長径1メートル25センチ、短径70センチ、深さ50センチ（これは一例である）ぐらいである。

私は、この竪穴は電波の準マイクロ波であるメートル波に相当する波長の潜象エネルギーの空洞共振器であろうと判断したのである。ちょうど、メートル波の発振に見合う大きさなので、竪穴の上部にある組石と併せて、潜象エネルギーの共振（発振）装置であったろうと考えたのである。

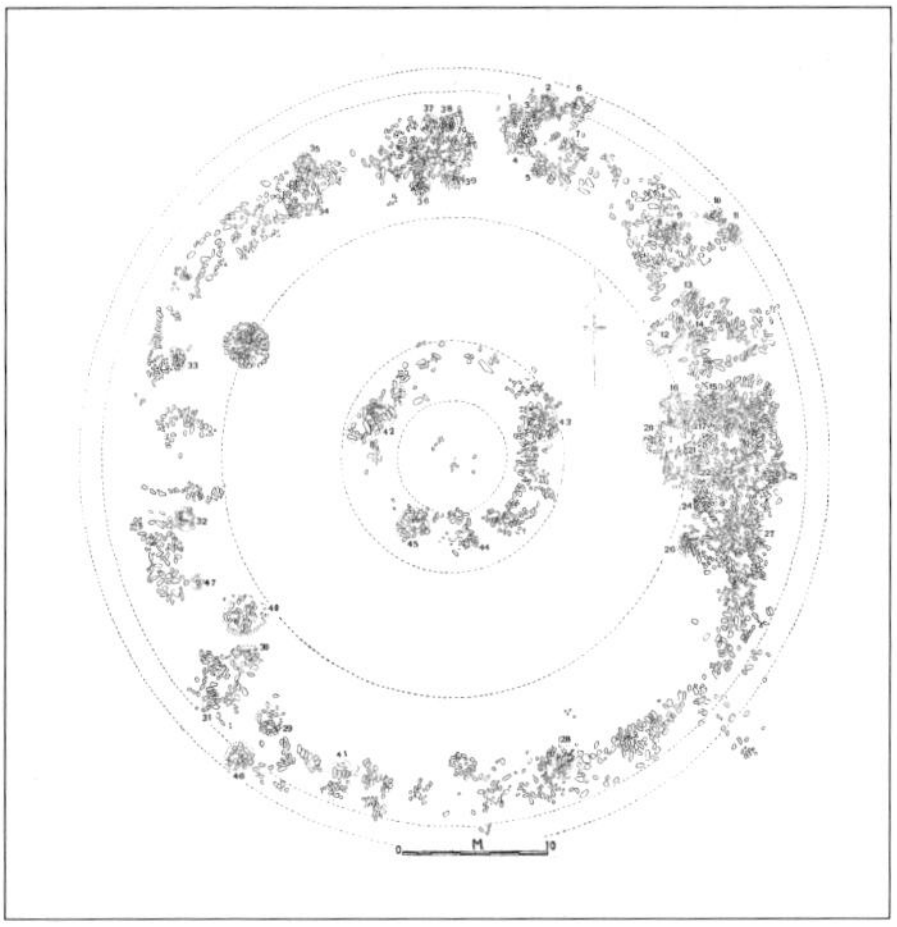

上：ストーンサークル・万座日時計
下：万座遺跡の全体図

ストーンサークルの組石と竪穴に比べて、皆神山地下の岩層は比較にならない程大きいし、その地下の空洞の規模も同じように非常に大きい。しかし組み合わせはよく似ているのである。

この岩層と空洞の共振ボックスに合った振動が発生したら、規模の大きい振動になるから、間違いなく震度ⅤとかⅣの地震になったろうと思うのである。

石英を含む岩層と空洞の組み合わせは、自然に出来上がったものであろうが、これも一つの巨大なエネルギー共振装置になっているのである。群発地震の主たる震源がそこにあった訳がこれで説明つくのである。ここでは大湯のストーンサークルよりもずっと波長の長い潜象エネルギーに共振していることになる。電磁気の分野ではマイクロ波付近の波長の場合に空洞発振器は用いられるが、規模が大きくても共振という現象は同じなので、自然が造った共振装置が出来上がったのであろう。

大湯のストーンサークルで、組石と竪穴の関係を考えていなかったら、皆神山地下の巨大空間と巨大含石英岩層との組み合わせを思いつかなかったであろう。ここでもまた、前に調べたことが、参考になったのである。本当に不思議なことであるが、前に調べたことが次のテーマ解明の足がかりになってくるのである。

一歩一歩であるが、自然の持つエネルギーの解明に近づいているように思える。

松代群発地震調査報告書の中には、この種の極浅発地震は、日本各地に発生していると述べてあり、その典型は四象限型というそうである。この表現は一般的には馴染みのないものであるが、報告書に示されている発震機構の解析図からは、震央を通る互いに直交する二つの線を描き、相対する象限（平面を斜めの十字形に区切ったとき、四つに分かれるもののうち、ほぼ南と北の部分と、東と西の部分に分かれる区域のこと）で、北と南の領域は圧縮の力が働き、東と西の領域では、拡散の力が働いていることを示している。

　松代の場合も、この四象限型の範疇に入っている。唯顕著な独自性も示している。それは初期の地震の際、押し波（圧縮）しか示さなかった甲府に一時期、引き波（拡散）を与えるような地震が発生している。

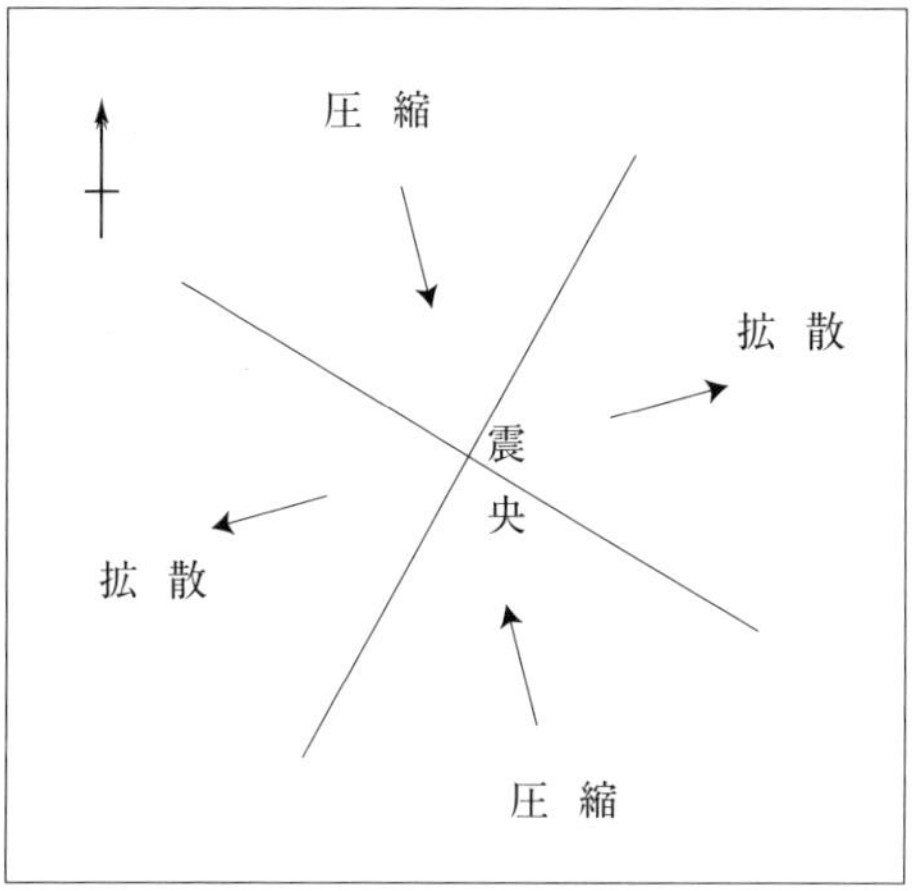

調査報告書の示す日本の地震メカニズム

　軽井沢と松本での観測結果では、それぞれ、すべて引き波（拡散）と、押し波（圧縮）であることを考えあわせると、この期間、東西のラインから30度ぐらい時計回りに回転した方向に、圧力軸を持つ地震が発生していることになるそうである。

震央を原点として、四つの部分に区分されており、相対する区域が同じ状態になることと、つまり、ほぼ南と北の部分が押し波（圧縮）であり、東と西の区域が引き波（拡散）の区域となるのである。

この観測結果は次のような示唆を与えてくれた。それは地下岩層の振動の方向である。ほぼ南北に歪曲（振動）していることを示していると考えて良いと思われるのである。またこの象限のラインは、地震が何度も発生しているうちに、左右にぶれていくようである。これは岩層周辺の土壌が、それまでよりは多少、柔らかくなり、岩層が振動するたびに、これまでと違った左右のぶれとなるのであろう。

振動計算法的な表現をすれば、何度も地震が発生したあとに、岩層の周りの状態が変化して、周辺固定タイプの振動から、周辺支持型とか、あるいは周辺自由、中心固定型の振動に変わっていったものと思われるのである。

これまでのところ、潜象エネルギー流入の問題を除いても、地下岩層が何等かのエネルギーを得て、岩層自体が振動して、その結果、極浅発地震となったことを物語っているのである。

ではこの流入したエネルギーは、南北の方からきたのであろうか？　三角波の原理からいえば、一概にそうとは言い切れない。しかし、調査報告書にあるように、日本各地の極浅発地震の調査結果、四象限の考え方が適用されていることから、日本周辺においては、南北方向のエネルギーの流れがあることは、否定できないようである。

しかし、三角波の発生原理に見られるように、異なった方向からの流入エネルギーの合成がなければ、その地点の地震につながるような高エネルギー状態は現れない。つまり、合成された潜象エネルギーの方向が、南北の方向になるということなのである。合成された高エネルギー場が発生して、その高エネルギーを吸収した岩層が振動するのである。そしてその流入するエネルギーとは、潜象エネルギーしかないのである。

この南北のエネルギーの流れの他に、強力な潜象エネルギーを発している山が、幾つも存在しているので、そちらから来る潜象エネルギーは、別個に考えることになる。

この地震センター内は、精密な測定機器を設置して、世界中の地震波を観測する場所なので、微弱な振動も防止するために、一般見学者の立ち入りを許されているのは、極限られた場所である。

岡田室長にご案内頂いたのであるが、年間約二万人ほどの見学者が来訪するとのことであった。この地震センターの建物は、第二次世界大戦中に、大本営移設準備のため、大坑道と共に建設されたものである。天皇、皇后両陛下の御座所を予定して作られた部屋も、今は多少改造されて、現在は、一号庁舎・松代地震センター（元天皇関係施設）、二号庁舎・精密地震観測室（元皇后関係施設）、三号庁舎・展示室（元宮内庁関係施設）などとして使用されている。使われている木材も檜や秋田杉など、いずれも節のない美しい木材が使われている。戦時中のこととて、御座所にしては質素な造りではあるが、当時を偲ばせる雰囲気が漂っている。

室長の話によると、昭和天皇がここをご訪問されることはなかったが、現在の天皇が皇太子の時代に御出になり、感慨深げにご覧になった由である。

計測に用いる地震計は多くの坑道内に設置されており、世界各地で発生した地震をキャチできるシステムができている。その中には、超電導による浮上力を利用した地震計もあるそうである。この地震計は普通のものに比べて格段に精度が高いとの話であった。最近は、群列地震観測システムという方式を用いて、地震の検知能力の向上が図られているという。これは直径約10キロメートルの円周上の六地点、および中心部に地震計を配置することにより、これらのデータを集め、総合解析して精度の向上ができるそうである。

地震センター内には、皆神山を中心とした極浅発地震の震源地を立体模型にして、一

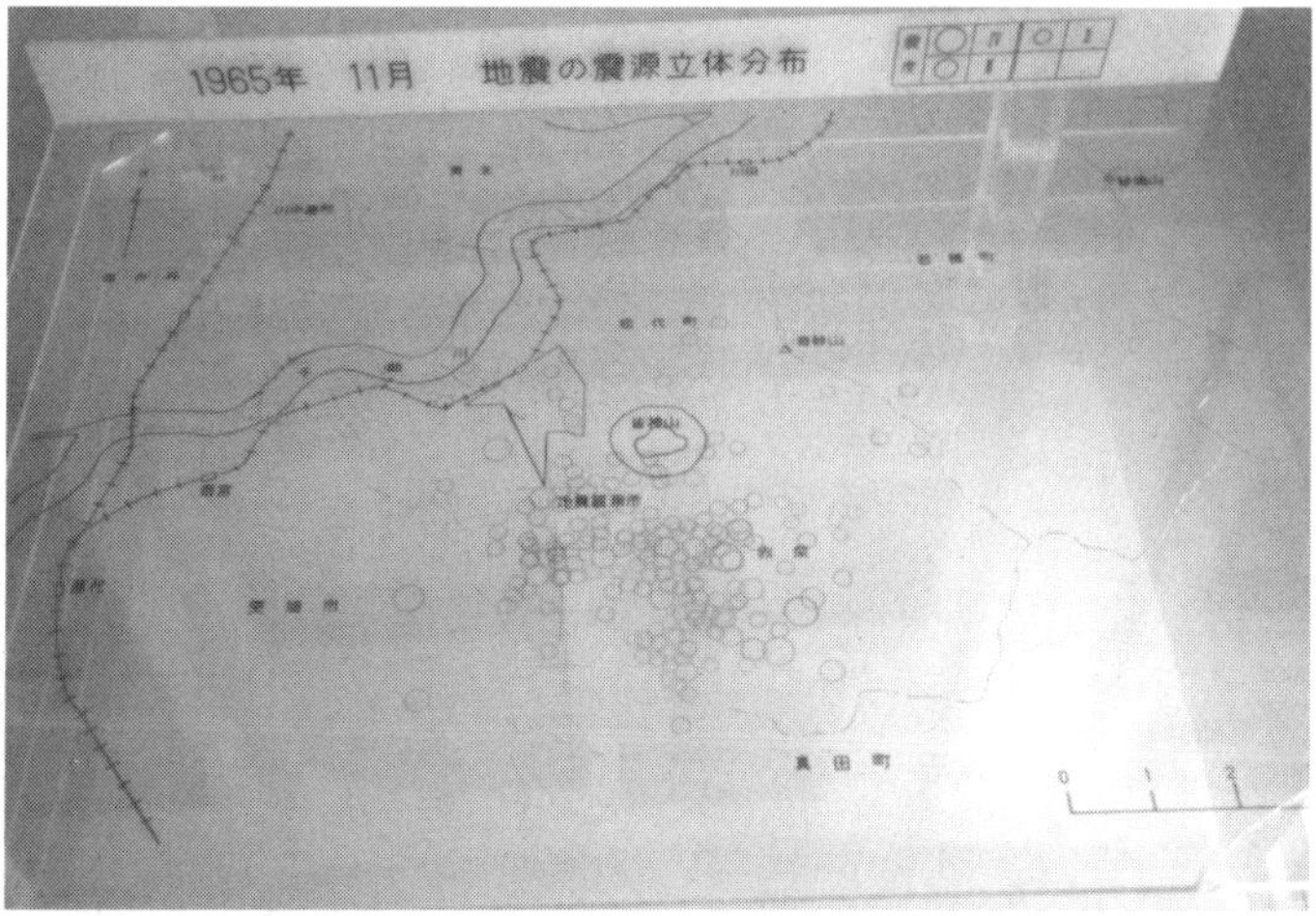

震源模型の拡大図

般の見学に供している場所がある。春原さんにそこへ案内されたのであるが、非常に判りやすい模型になっている。

透明なアクリル板を5層にしてあり、一番上に皆神山を中心とした地図が描かれてある。2番目のアクリル板は、地下0～2㎞の層を表し、この深さで発生した地震の震源を表してある。何回発生したかも分かるようになっている。3枚目は地下2～4㎞での震源を、4枚目は地下4～6㎞の地震の震源を表している。

この模型が3個あり、それぞれ、一九六五年八月～九月、同年十一月に発生したもの、さらに一九六八年一月に発生した地震の震源を分けて展示してある。

このように、三回に分けて展示してあるが、これを見ると、一つ目の模型では極浅発地震は比較的少ないが、二つ目の模型になると皆神山を中心として、かなりの数の極浅発地震が発生しているのが分かる。三つ目の模型でも同様に発生件数が多い。深さ別に見ると、4㎞台が最も多く、次に6㎞台であるが、2㎞前後のものも結構発生している。

このアクリル板は、間にスペーサーが挟んであるので、少し斜めから見ると、2層目、3層目、4層目のそれぞれに震源をマークしてあるのがよく見える。平面的には、皆神山を中心として、尼厳山、奇妙山を含む一帯に集中しているのもよく分かる。成る程良い模型を制作されたものと、感心して眺めていたのであるが、しばらく見ている内に、この模型は私にもう一つ別の印象を与えてくれた。

それは、このアクリル板の一枚、一枚が地下にある含石英岩層に見えてきたのである。このアクリル板を岩層に見立てると、それぞれのアクリル板が振動も示しているように見えたのである。地震の度に震央はずれているが、ほとんど、一定範囲内に収まっているので、余計そう見えた。このように、私にはこの立体模型が浅い地震の発生原理までも示しているように見えてきたのである。

発光現象の謎解きは？

地震に伴う発光現象の謎解きは、極浅発地震の原因究明よりも、さらに難しい問題である。

「地震に伴う発光現象に関する調査報告書（第二部）」で、著者の安井豊氏は「常温常圧の大気内で、如何にしてメートルあたり数千ボルトの電位差をもって、発光現象が生じうるかが不可解である」と述べておられる。

またこの報告書の中で、この周辺の山々には、自然放射能の高い異常があること、および、強酸性岩の地下気には多量のラドンが含まれており、地震に際して空気中のラドン量が増加することについても言及しておられる。

なおかつ、発光現象の多発地域である奇妙山一帯、大嵐山一帯、ノロシ山一帯、地蔵峠一帯には石英閃緑岩露頭と、表面断層線を有する山頂付近であることについても述べておられる。

皆神山山頂付近の岩石に就いての記述はないが、山頂平坦部では、奇妙山、妻女山同様、自然放射能が多少高くなっていることから、ひん岩や、閃緑岩が存在する可能性は高いと思われる。

このような調査結果を踏まえ、「ある地質構造を持つノロシ山その他の山頂では、地震に際し、松代観測所構内のそれよりも、数倍、数十倍、あるいは数百倍の地下ラドンの大気内ゆり出されによる多量の電気伝導度の増加があり、それが地震に伴う発光現象の原因であろう」と述べられている。

ラドンの存在が、発光現象を容易にする可能性については何ともいえない。しかし、発光現象が観測された際、ラドンがその周辺に介在していたとすれば、何等かの役割を担っていたことはあり得ることである。

特に、ドーム状や、半球状に、山麓に発光する場合は、普通の空気だけではなく、なにか別の気体があって、それが地下岩層からの発光を反映していることは、充分考えられることである。しかし、これは発光自体であって、発光を惹き起こす原因ではない。発光原因は別にあるはずである。

それともう一つ、発光の色なのであるが、なぜ、単色でなく、色々な色に発光するのであろうか。この二つの問題はなかなか厄介である。

まず発光原因であるが、これは前に述べたように、含石英岩層の石英にあると考えられるが、特に地表乃至地表近くに存在する含石英岩層が大きな引き金になっていると思われる。前述の報告書には、「メートルあたり数千ボルトの電位差云々」とあるように、当時の常識としては、発光といえばプラズマ発光など、高電圧による発光がほとんどであり、これに要する電圧は高圧であったから、やむを得ないのである。

最近は、発光ダイオードが、西澤博士他の人達によって発明され、ごく身近なものにも応用されている。私が発光現象の元となったのは、発光ダイオード原理であると考えたわけは、この発光ダイオードは、数ボルト、数ミリアンペアの低電圧、少電流でも発光するのである。

このように非常に小さい電力で発光ダイオードは光り、プラズマ発光とは格段の違いである。含石英岩層には潜象エネルギーから低位の顕象エネルギーに転化する際、光として放出されるエネルギーは、発光ダイオードと比較すれば、遙かに大きいのであろうが、電圧にして比較したとき、数千ボルトというような値にはならない。もっとはるかに低い電圧、はるかに少ない少ない電流で済むのである。

特に前の方で述べたように、岩層の重なり具合などから考えて、半導体素子を重ね合わせて作るトランジスターや発光ダイオードに似た組み合わせが地下岩層で自然にできているとすれば、低い電圧に相当する程度のエネルギーでも充分なのであろう。

当時、発光ダイオードができていたら、同氏も私と似た発想をされたかも知れない。

この発光ダイオードの素材には窒素や酸素などをわざと不純物として半導体内に取り入れることにより、光の波長、つまり発光の色を変化させることができるのである。

この発光ダイオードには、主にガリウム系化合物が多く使用されて、色々な色を出しているが、前に述べたように、シリコン系のものでも、ラドン気体をいろんな色に変化させることができると思える。

だから発光ダイオードとまったく同じとはいえないのであるが、潜象エネルギーが低位の顕象エネルギーに転化する際、余分のエネルギーを放出する仕組みは同じと考えてよいと思う。このとき、元々潜象エネルギーとして存在していた波長が、発光時の波長であったと考えることはできる。

潜象エネルギーが波長は変化しないで、潜象界の振動数から顕象エネルギーの振動数に下がって、発光現象として肉眼で見えるようになったのである。

流入エネルギーのことを考えなければ、現代の物理学をベースにしても、これと似た発想は可能であるが、私は矢張り次のように考えるのである。

この問題、基本的には潜象エネルギーが、含石英岩層に大量に流入したとき、それが低いエネルギー状態に変化し、その際、余分なエネルギーを、光として放散すると考えるのである。従って、潜象エネルギーの大量流入は、地下岩層の振動を引き起こすのと同時に、他方では、光の放散も行っているということになる。

群発地震と発光現象は、必ずしも同時には発生していないことは、流入エネルギーは同じでも、その作用にはそれぞれの条件があって、それが満たされたとき、地震であり、あるいは、発光が発生したというように考えられるのである。

それは、潜象エネルギーの波長に由来している。これらの岩層に流入した潜象エネルギーには、色々な波長のものが含まれていて、潜象光の領域の波長のエネルギーは発光現象を発生させ、これよりももっと長い波長の潜象エネルギーは岩層に地震の原因となった振動を与えていたのであろう。群発地震と発光現象とが同時には発生していないのは、このような理由によるものである。

この現象は、潜象エネルギーが顕象エネルギーに変化する過程を示しているとも考えられる。このように考えると、皆神山地下の極浅発地震の解明が、そのキーを握っているようであり、今後この両エネルギー間にどのような関係があるのかをさらにつきすめて研究するのは重要なことである。

この松代群発地震は、一九七〇年で一応、無感地震も含めて、年間６０００回以上のものは終息し、この後は発生件数も次第に減少していって、年間500件ぐらいになっていたが、依然として無感地震は続いており、一九九九年にはやや増加し、800回を記録している。この中には震度Ⅲの地震が1回ある。

このことは、潜象エネルギーの大量流入はないが、今でも地下の岩層には絶えず潜象エネルギーが流入していると考えて良いと思う。しかし、ほとんど有感地震につながらないのは、恐らく前回の群発地震で、岩層が各所で破断され、大きな一枚岩状の岩層が少なくなったのではなかろうか。群発地震の後半は皆神山付近を震源とする地震が無くなっており、同時に発光現象も観測されてないことは、間接的ではあるが、このような理由によるものなのであろう。

重なり合う四次元世界

これまで述べた潜象界という考え方の前提として、現代科学でいっている四次元とは違った、新しい考え方の四次元世界が存在しているということが基になっている。

この四次元世界というのは、これまで一般にいわれてきたものとは大分違っている。

一般的には四次元世界といえば、通常、私達が住んでいる空間、縦、横、高さの三次元世界にもう一つ新しい次元を加えて、四次元にしている。

新しく加えた次元というのは、（光速度）×（時間）という次元（軸）である。これを判りやすく説明すると、時速4キロメートルで1時間歩くと、4キロメートルの距離（長さ）を歩くことになる。逆にいうと、一里（4キロメートル）の長さを表すのに、人間が歩く速度と歩いた時間とで表現しているのである。

つまり、速度に時間を掛けると一つの長さになるのであるが、この速度として光の速度（30万キロメートル／秒）を用いているのである。従って、いわゆる次元という言葉を用いれば、縦、横、高さと同じ長さを表すことになるのであるが、この四つ目の長さを加えて、四次元世界を創り出しているのである。

しかし、人間の感覚として、この（光速度×時間）の新しい物差しを加えた四次元とは、一体どんな世界なのか捉えることは難しい。

このことを最初に提唱したアインシュタイン博士の特殊相対性理論を、完全に理解することのできる人は、当時、世界に三人位しかいないという話があったというのは、有名なことである。この話を私が最初に聞いたのは高校生の頃である。数学の先生が余談として話してくださったのである。このときは星の光が太陽の近くを通過するとき、強い重力場の影響を受け、曲がるという話もあった。このことについて質問した同級生の一人は、このとき、アインシュタイン・リングと呼ばれる「重力レンズ」現象が発生する可能性を感知していたようである。彼は大学卒業後、なぜか重力波の研究をしていることを、数年前、新聞記事で知った。

この四次元というのは、数学とか、理論物理学上の話であって一般的な話ではない。理論上（光速度×時間）という新しい軸を導入したということなのである。

そして、この理論からそれまでとは違った新しい科学の分野を切り開いたのであるから、矢張り大理論であることには違いない。

しかし、人間の感覚として、この理論上の設定は、私達が住んでいる世界にそれを持ち込みようのない話である。

このような四次元世界ではなくて、これまで書いてきたように、あくまでも縦、横、高さの三次元世界をベースにした四次元世界（多次元世界）があるといえるということである。

そこではアインシュタイン博士が述べた光速度が世界で一番速い速度であって、光速度30万キロメートル／秒を超える速度は存在しないという話は考え直した方がよいのである。

光速度の壁を超えることはできないという前提があるために、速度が光速度に近づいてゆくと、色々へんてこな事象が計算上現れてきて、物理の世界は混乱してしまうのである。そのために、相対性理論の説明書では素直に受け取れない話になることもある。

ところで、ここに一枚の紙を持った男が登場し、皆さんに向かって、「この紙は何枚に見えますか?」と訊ねたら、大抵の人は笑い出して、「一枚に決まっているではないか」といわれるに違いない。

すると彼は「一枚に見えるかも知れないが、これは無数の紙が重なっているのです」と答える。皆さんは「この男気が狂っているのであろう」と思われるかも知れない。

しかし、実はこの男のいうような考え方もあるのである。このような紙（平面）を複素平面という。数学や物理学で使う複素平面というのは、一枚の平面の裏側に無数の平面が重なり合っているのである。

数学者というのは、奇妙なことを考え出すのが好きな人達である。現実には存在しない数字・虚数を考え出した。どんな数字かというと、二乗したらマイナス1になる数字のことである。この数字をi（アイ）と命名した。縦1メートル・横1メートルの正方形の面積は、1平方メートルであることは小学生でも判る。数学者はマイナス1平方メートルの面積を持つ正方形（現実にはない正方形）を考えたのである。

だからこの正方形の面積は、i×i＝マイナス1ということになる。マイナス1の面積を持つ架空の正方形が誕生するのである。

この虚数iを紙（平面）の縦軸にとり、横軸に普通の実数をとったとき、この紙（平面）を複素平面と呼んでいる。この数学上の約束事は、数学者の遊びのようであるが、この考え方を使って、多くの物理学の計算が簡単にできるのである。

このiを4乗すると実数の1になる。さらに計算を進めてゆくと、何回でもiがでてくるのである。無限にでてくるのである。だからiを使った複素平面は、一枚の紙（複素平面）の裏側に、何枚でも重なっていることになるのである。

これを立体（三次元空間）に拡張してみると、幾つもの空間が重なった多次元、多重空間ができあがる。このような複素空間というのは、一応考えられてはいるが、複素平面ほどではない。それに、私が考えているような形での理解とは違うものである。複素空間の発想も、将来は複素平面と同じように利用されることになると考えられる。

ここでは、アインシュタイン博士の四次元世界ではなく、これまで私がのべた四次元世界・幾つもの空間が重複した世界が存在する例として説明した。

光速度限界説をひとまずおいて、光速度は、単に「一つの壁」であるといった具合に、考え方を柔軟にした方が理論の発展性があると思うのである。この壁を通り過ぎると、その先には別の世界が存在すると考えるのである。

光の波長と同じ波長であっても、光よりも振動数の高い波（エネルギーの波）が、幾つも存在している世界が、この世に重なり合って存在しているのである。

光速度の壁を取り払って、この宇宙の中には、光速度の何倍、何十倍も速い速度のものも存在しうると考え直すことが大切である。

四次元、あるいはそれ以上の高次元の世界というのは、「縦、横、高さ」の世界が幾層にも重なり合って、存在する世界のことである。あくまでも「縦、横、高さ」の世界であることには変わりがない。その世界では光速度よりも速い速度が存在するのである。光の振動数よりも遙かに高い振動数の世界なので、固体とか、液体とか、気体という分子構造はとれないが、高エネルギーの世界なのである。宇宙はそういう超光速の世界を、幾つも幾つも包含しているのである。私が目を閉じて視る光の世界は、その一つに過ぎないのである。その世界の中には、過去の空間が重複して存在しているというのも、不思議なことなのであるが、本当のことなのである。

宗教の中で、イエス様が死後の復活をされたとか、阿弥陀如来が現れたとかいう話も、あながち、作り話ではないのである。仏教では、仏様が紫雲に乗って現れるという話がある。私はこのような情景を視たことはないが、静岡県焼津の近くの花沢の里にある観音堂の中で、里人がお詣りされた後、このお堂の中に入ったら、美しい紫色の潜象光が漂っているのを視たことがある。

このときは、里人がお堂の中で観音経を唱えておられたから、観音様が紫の雲に乗ってこられたのかも知れぬ。私がお堂に入ったときは、紫雲のみが漂っていたのを視たのである。

通常、人はこの空間を見ることはないのであるが、私が目を閉じて視る潜象光の世界だけでなく、別の世界、例えば通常霊と呼ばれている世界も、併せて存在している。

私が潜象光を視ているとき、同時には霊の世界は現れてこない。神社で潜象光を視ているときに、突然、その神社の祭神の顔が空中に浮かんだり、山を視ているときに龍が姿を現したりするが、そのときには立ち上がる潜象光は視えていない。別の次元の世界なのである。しかし同じ空間であることには変わりはない。

科学の世界では、霊の話はタブーとなっているが、霊の世界を抜きにして、新しい高次元の世界を語ることはできない。霊の世界は別の次元に重複して、存在しているのである。このことはいずれ科学が踏み入れざるを得ない世界なのである。

最初、私が目を閉じて四次元の光を視たのは、冒頭で述べたように、出羽三山の一つである湯殿山であったが、そのとき私は中央部に褶曲山脈の断面図のように、何層にも重なった光の山があり、視野の両脇からは上の方からまるで滝の水が流れ落ちるような光の滝が流れ、下の方からは火山の噴火のような煌めく光の噴出が始まるという光の大ページェントだけが視えていた。

私より少し離れて立っていたS氏はそうではなくて、別の光景を視ておられる。

宮城県宮崎町の宝森を視たときも、私は宝森から立ちあがる潜象光と、これとは別に石で囲んだ円形の洞窟らしきものを視たが、S氏はこれとはまったく違って、過去の空間が浮き上がってきて、そこでは多くの人達が働いているような光景を視ておられる。これらの光景は、肉眼では見えないものなので、超次元の世界なのであるが、過去の空間も含めて、これらは三次元の世界と重なって存在していることになる。

また、宮崎町では、私は山の反対側から、淡い紫色が一面に漂っているのを視たことがあるが、私より大分以前に、宮崎町の人で山に入ったとき、紫色の光を視た方がおられたそうである。この方はその手記を婦人雑誌に寄稿されたそうだが、地元ではなかなか理解されなかったようである。


この話には、後物語が続く。宮崎町から帰る車の中の出来事である。

車の中で、紫色の光を視たという宮崎町の方の話をしていたら、何となく車の中に、霊が来ているような感覚があった。「何か変ですよ。車の中に何か来ているみたいです」と私がいうと、S氏から「ええ、さっきから来てますよ」という返事があった。私はそれが紫色の光を視た方の霊であることが判った。この方はこのとき、既に亡くなっておられたのである。

なぜ、霊が来たのか、その理由も分かった。それで私は霊に向かって、「心配しなくても良いですよ。私達は貴方が紫色の光を視たことは、本当だったと思ってます。ちゃんと本に書きますから、安心して帰りなさい」といった。

すると、霊は車から消えていったのである。この方は、生前、このことを周囲になかなか信じて貰えなかったようで、死後も気になっておられたのであろう。

これらのことは、私達が住んでいる三次元の空間と幾層にも重なって超次元の世界が同時に存在していることを意味しているのである。

このように数学や物理で取り扱う四次元とは違った別の世界が存在しているのである。その中には、三次元空間よりも、高次のエネルギー空間・光の振動数よりもはるかに高い振動数を持つ空間が、幾層にも重なり合って存在しているのである。

アインシュタイン博士の理論では、光の速度が顕象界の壁なのであるが、この壁の先には何があるのだろうか？

そこは科学者をはじめ、ＳＦ作家等多くの人が探し求めているミステリー・ゾーン（世界）である。科学者はその先にはすべてを吸い込んでしまうブラックホールがあるといい、ＳＦ作家は超光速の世界で、ワープ等という名で何かを切り換えることにより、瞬時に何百光年も先の宇宙に行けるという小説や映画を作っている。考え方の違いなのでどちらがどうというのではないが、将来ＳＦの世界が現実化する可能性もないとはいえない。

光の話は速度が速すぎて、未だ、感覚的にピンと来ない向きもあると思われるので、音の話で考えてみたい。四次元の話にピタリの例ではないが、一つの壁の例と考えていただきたい。

飛行機の世界では、音速を超えるか、超えないかが、設計上大きな問題となる。プロペラ機の時代は音速（約1200キロメートル／時）よりも遅い速度であったから、別段音速を意識することはなかった。しかし、ジェット機の時代になると、音速に近い速度で飛ぶため、色々な障害が出てきた。現在では音速の二倍以上で飛ぶものもある。旅客機ではコンコルドがそうであるし、戦闘機はもっと速い。

航空機は音の速度を突破して飛ぶとき、衝撃波という大きな音を発することはよく知られているが、超音速になると、操縦上も、亜音速（音速に近い速度）のときとは違った状態になるのである。超音速になると亜音速のときと全く逆の操縦をしないと、墜落するのである。それが判らなかったために、開発時には何機も墜落しているが、そのことが判ってからは、超音速で飛べるようになった。

音波は縦波（粗密波）で、光波は横波という違いはあるが、速度の壁の問題は同じであるし、超光速の領域が存在する可能性はあるのである。

話はまったく違うが、電気の世界では、温度が問題となってくる。絶対温度というのがあって、摂氏マイナス273度以下の温度は存在しないことになっている。この温度より低い温度に関する理論はないのであるが、この温度近辺になると、常温とは違った現象が観測されている。超流動といって、いくら密閉した容器に入れておいても、液体が流れ出してしまうのである。また、超伝導（超電導）といって、電気を流したとき、大きな電流が流れるのである。

この超伝導現象は、摂氏マイナス273度近くなると、物質によっては、電気抵抗がほとんどなくなって、常温では考えられないほどの電流が流れる導体（電線）が出現するのである。しかも面白いのは、常温では導体でなかったものが、超電導体に変身するのである。

そして、常温で電気を良く通す銅や銀、金などでは、この超電導状態は現れないのである。（今回のテーマとは離れるが、この絶対温度以下の世界も、もしかしたら現れるかも知れない）

この超伝導現象は、常温のときの電気現象とはまったく違った現象となるのが、音速を超えたときの現象と似ており、そこのところが興味深いのである。

光の場合は、速度が速すぎて、現在の科学では追っかけきれないでいる。しかし、温度や音の場合のように、光の場合も光速を超えると、私達が予想していなかった現象が起こる可能性は否定できない。まったく別の世界が待っている可能性が高いのである。

私が目を閉じて視る潜象光の世界とは、その一つであると思っている。

エピローグ

これまで私は、中部地方の山々、富士山、白山、立山、御嶽山、乗鞍岳等のような霊山、さらにはこれらの山々から多くのエネルギーを得ている山々や神社で視える潜象光を調べて歩いてきた。

これらの山々は霊山といわれるだけあって、明るく強い潜象光を放っている。そしてこの潜象光は周辺の山々へ目には見えない潜象エネルギーを絶えず送り続けているし、特定の神社はこれらの光を受けられる場所に設けられている。このことは神社をそこに建立された方々には、山からの潜象光が視えていたことになる。

昔の人たちは現代人のように、科学的根拠云々ではなく、これら自然の放っているエネルギーを無理なく感じ取っておられたのである。現代の科学では説明できないこと、解明できないことがいくつもあると思うが、原点に立ち返って自然現象をごく素直な目で見直すと、新しい発想が湧いてくると思うのである。

これら霊山のうち、皆神山には前に述べたように、穂高連峰、乗鞍岳、御嶽山、浅間山、八ヶ岳、戸隠山等からの潜象エネルギーが届いていた。富士山、立山、白山などは、直接今回の皆神山地震とは、はっきりした結びつきは見られなかったが、間接的に他の山々を介して、潜象エネルギーを送っている可能性が高い。この辺の霊山といわれる山々は相互に関連しているのである。

そして皆神山では、これらの潜象エネルギーが集中して、岩盤を振動させて地震を起こしたり、肉眼で見える光になったりしていることが判った。

地下数キロメートルのところにある大岩盤が振動するなど、通常の感覚では捉えられないことであるが、深層ボーリングのデータからこのような推測が生まれた。この含石英岩層の振動は潜象エネルギーの大量流入があったと考える方が自然なのである。

そしてこのことは、潜象エネルギーの顕象エネルギー化なのである。つまり、潜象界のエネルギーが顕象界の振動という私達が普段使っているエネルギーに転化されたことになるのである。どのような形であれ、潜象界のエネルギーが顕象界で個体を動かす力(振動)を発生せしめていることは、極めて重要なことである。

併せて、発光現象そのものも、潜象エネルギー(潜象光)が顕象光に変化していることが判ったのである。この二つの事例を皆神山は教えてくれたのである。このことは、真空と考えられていた空間に、これまで私達が気付かなかった自然エネルギー（潜象エネルギー）が、充ち充ちているということを意味しているのである。

前著『十和田湖山幻想』では私が視た潜象光から潜象界のエネルギーの存在を示してきたが、今回は、潜象界のエネルギーが、通常私達が使っている光や個体の振動という顕象界のエネルギーに変化することが判ったのである。

これらの潜象エネルギーは、皆神山をとりまいている多くの霊山から放たれていることが判った。昔の人達は現代人と違って、霊的な感覚が鋭敏であったと思われるし、神官、高僧、あるいは修験者と呼ばれていた人の中には、神の光・肉眼では視えない光を視ることのできた人がいたことは、想像に難くない。

中部地方には、驚くほど多くの霊山があり、それらが放っている光・エネルギーは非常に強力である。だからこれらを感知した人達は、神々の棲む山として、昔から崇めていたことがよく判るのである。私自身は修験者ではなくてごく普通の人間であるが、これら霊山から放たれている光・潜象光を数多く視てきたのである。

これらの潜象光・エネルギーが肉眼で見えるエネルギーになったとすれば、これは潜象界から顕象界へのエネルギーの変遷ということになる。これまで私達が知らなかった潜象界のエネルギーを顕象エネルギーに転化する糸口になると思われるのである。

未知の自然エネルギーから、電気、磁気、光、振動といった私達がよく知っているエネルギーを導き出す扉を開くことになるのである。

これからの科学は、高エネルギー空間としての四次元空間、超次元空間を探求してゆくことは大切である。そこから新しい科学が芽生えると思うのである。そう遠くない将来、具体的なこのための技術が考え出されるものと思っている。

前回もそうであったが、今回も、潜象光のことを調べていく内に、次から次へと新しいことが判ってきた。皆神山の地下構造からも新しい発想が生まれた。

皆神山に集まった潜象エネルギーは、群発地震や、発光現象を引き起こしたのである。そういう意味で、松代群発地震は皆神山が引き起こした地震、周辺の霊山からの潜象エネルギーが皆神山へ集中したために発生した地震であり、これを皆神山地震と言い換えてもよいと思う。

少しづつではあるが、潜象界の持つエネルギーの領域に近づいたようである。

そして、東北地方の山々から、今回は中部地方の山々の潜象光を視てきたが、潜象エネルギーから顕象エネルギーへの変遷という、新しい現象を見出せて、一歩前進することができた。

これまでも、この世の中には、三次元空間と重なって、別の世界が存在することを書いてきたが、このテーマをさらに追求してゆくつもりである。これからも潜象界の光を放っている山を求めての旅は続くが、そのための努力は惜しまないつもりでいる。

この旅でも、田丸剛士氏（文中T氏）との昔の調査が、随分役に立っていることを心より感謝している。またS氏（本人の希望により匿名）には並々ならぬご協力を頂いたことを厚くお礼申し上げる。

今回は特に、松代群発地震記録に関し、ご協力いただいた松代地震センター・気象庁精密地震観測室（室長岡田正実氏）の皆さんに厚くお礼申し上げるとともに、関連する事柄の調査に際し、ご協力いただいた皆様に感謝の意を表する次第である。

なお、出版に当たってご配慮いただいた「今日の話題社」社主武田崇元氏に厚く御礼申し上げる。

巻末資料

皆神山発光現象に関する栗林亨氏の記述抜粋の詳細（二〇三頁）

（1）皆神山、地蔵峠、ノロシ山、高遠山、鏡台山にいたる幅約6キロメートル、四十年十二月四日、23時48分、月齢12日、発光時間　約22秒

色彩分布

最初発見当時は、照明弾様の物凄い輝白色光の輝きを放ち、順次上層部より淡灰黄色を帯びて、約4秒時はその約80パーセントに減り、写真11秒時は上下半々となり、16秒時には輝白色光部は急に下層に移り、山の稜線上、約1／3となり、最上層部は灰白色となり、輝白色光部の直上は淡黄色となる。

なお、19秒時を境としてノロシ山より右半分は急に消滅した。

このとき、皆神山中央にまんじゅう様の光が突然出現している。

このときは、皆神山と反対の長野市内の方の上空の光の状態の変化がおかしかったので、気付いたそうである。

皆神山の光が雲に反射して、長野市上空の光の変化があったようである。（当日、雨で雲が低かったようである）この後、今度は光が上方高くのぼりはじめ、物凄い照

明弾のような青白い光（上述）になって、一番の光輝部は地蔵峠の方であった。

（2）四十一年二月七日　4時21分、月齢17日、ほとんど晴、発光時間26秒
日の出6時40分頃
皆神山、地蔵峠、ノロシ山の一帯（南方）、幅約1・5キロメートル
色彩　明るさ　朝焼けとほとんど同じ位、素晴らしく美しいピンク一色

（3）四十一年九月6日、4時14分　月齢22日　発光時間76秒
象山、妻女山、篠ノ井市上空の南西部一帯　幅約6キロメートル
光帯山稜上左側約3キロメートル位、ただし、発光後19秒時頃より、右方山稜上に幅約3キロメートルの光帯を認める。
このとき、ガラス戸が真っ赤であった。物凄い夕焼けのような真紅の空であった。
撮影中、19秒時頃より右側が左側とは違って、千曲川の流（註）のような形であった。

註　潜象光で漂うエネルギーと表現しているものによく似ている。

（4）四十一年九月二十六日　3時24分　発光時間　98秒　月齢12日　晴
愛宕山、尼飾山、奇妙山、立石、皆神山、ノロシ山の一帯
（範囲　北半分より東方全域南半分即ち１８０度、光輝中心部　雨（尼）飾山南部より皆神山中心部まで）

色彩　白い蛍光灯一色、最大光輝時は満月の3倍か？

最大光輝時間40秒のうち、特に発光より30秒後頃より15秒間ぐらいは素晴らしく何ともいわれない美しい明るさであった。

この写真、地震観測所所長より借りた魚眼レンズで撮り、もっとも良い写真の一つになった。

（5）四十二年一月十二日　19時45分　月齢14日
発光時間　約1時間30分　連絡者松代町東寺尾　小川イツオ君（松代中）東方立石より南方の堀切山上空一帯　幅約2キロメートル
色彩　青みがかった蛍光灯のような色
この発光、観測所の竹花所長の所よりは、皆神山の上に見えたとのこと。
また、皆神山山頂の神官武藤登氏へ連絡。保基谷岳（ホキヤダケ）と堀切山中間に

見えたとのこと。

この発光現象は、各人が観た位置がそれぞれ違うので、各自の観測点よりの発光方向を五万分の一の地図上に線を引くと、菅平スキー場に一致した。

(6) 四十一年一月27日　1時30分　曇　発光時間　約15分
皆神山北方、下り坂の稜線上の松の木の左側。
観測点　松代町瀬関（セゼキ）中村みさ子
皆神山山頂の献灯（水銀灯７００W）方向が明るく、火柱が立っていた。その火柱は9尺ぐらいで、真っ赤で上は筆の穂先のような形（註）。
註　宮城県宮崎町の宝森で視た潜象光に似ている。

(7) 四十一年一月十日　19時30分前後　曇　発光時間10分間位
幅約1キロメートル　観測者　中村正氏
皆神山左側、「保基谷岳頂上あたり」に火事のような赤い色で、その上部が黄色に見える発光を観たという。何となく、上の方は硫黄のような色。

参考資料

『日本百名山』深田久弥著、新潮社
『日本三百名山』毎日新聞社編
『塩田平とその周辺』上田市塩田地区学校教職員会、上田市塩田文化財研究所編、
信毎書籍出版センター
『塩田平の民話』同右
『日本の民話』(18) 民話の研究会編、世界文化社
『古代の神都』(東三河) 前田豊著、彩流社
『日本の神々』(美濃・飛騨・信濃) 谷川健一編、白水社
『神社辞典』白井永二・土岐昌訓編、東京堂出版
『日本超古代文明のすべて』佐治芳彦・鈴木旭・高橋良典・幸沙代子・関裕二他、日本文芸社
『大石凝真素美全集』八幡書店
『出口王仁三郎聖師と信州・皆神山』愛善苑
『松代群発地震調査報告書』気象庁
『地震に伴う発光現象に関する調査報告書第一報・第二報』安井豊著、地磁気観測所
『松代地震に伴う発光現象(写真・記録)』栗林亨著、松代地震センター

『深層ボーリングによる松代群発地震の研究』国立防災科学技術センター・高橋博他、
松代地震センター・相原けい二・名古屋工業大学・内田哲男
『松代地震その後と二〇〇〇メートルボーリング』地震観測所
『松代群発地震記録』長野県教育委員会
『防災科学技術技報・深層ボーリング報告』高橋博著
『静電気ハンドブック』高分子学会編
『光エレクトロニクスの基礎』宮尾亘・平田仁著、日本理工出版社
『石英ガラスの世界』葛尾伸著、工業調査会
『半導体のおはなし』西沢潤一著、日本規格協会
『半導体』燦ミアキ・大河啓監修、ナツメ社
『実用振動計算法』小堀与一著、工学図書
『理科年表』丸善
『神々の棲む山（東北信越編）』長池透著、たま出版
『十和田湖山幻想』長池透著、今日の話題社

長池　透（ながいけ　とおる）

1933年宮崎県生まれ。電気通信大学卒業後、日本航空整備株式会社（現日本航空株式会社航空機整備部門）入社。航空機整備業務、整備部門管理業務、運航乗務員養成部門、空港計画部門などを経て、磁気浮上リニア・モータ開発業務に従事。1993年、定年退職。20数年にわたり、超古代文明、遺跡の調査研究を行い現在に至る。著書に『神々の棲む山』（たま出版）、『十和田湖山幻想』（今日の話題社）がある。

霊山パワーと皆神山の謎

2005年8月10日　初版発行

著　者　　長池　透

装　幀　　谷元将泰

発行者　　高橋秀和

発行所　　今日《こんにち》の話題社《わだいしゃ》
東京都品川区上大崎2-13-35 ニューフジビル2F
TEL 03-3442-9205　FAX 03-3444-9439

印　刷　　互恵印刷＋トミナガ

製　本　　難波製本

用　紙　　富士川洋紙店

ISBN4-87565-560-6　C0011